AF599522

De son ombre à la lumière

Tonya Rose Iris Stenvot

De son ombre à la lumière

LE LYS BLEU
ÉDITIONS

ISBN : 979-10-422-0633-8

Plus on reste dans le rôle de quelqu'un qui ne nous correspond pas, plus il est difficile d'en sortir pour être soi-même et plus cela demandera du courage pour enfin s'affirmer.

On a beau essayer de tenir ce rôle et le jouer parfaitement on sait qu'au fond on n'est pas la personne que l'on montre aux autres.

On essaye d'y croire, on se dit que ça va aller, mais en fait, le mal-être ne fait que s'agrandir.

Alors, un jour, on décide de sortir de l'ombre.

Introduction

Je m'appelle Tonya Rose Iris Stenvot.

Aujourd'hui j'ai 43 ans.

Pendant presque toute ma vie j'ai tenté d'être quelqu'un que je n'étais pas.

Je n'assumais pas qui j'étais au fond de moi.

La peur du jugement de la société, des amis et de la famille a eu un énorme impact sur les choix que j'ai faits.

Je suis venue au monde en décembre 1979, une petite tête blonde toute bouclée.

Ma sœur Sandrine avait tant souhaité avoir un petit frère blond, qui s'appelle Anthony, voilà son souhait réalisé.

Mon père était très fier d'avoir un petit garçon.

Quant à ma mère, qui voulait avoir une petite fille, a eu un garçon, du moins en apparence.

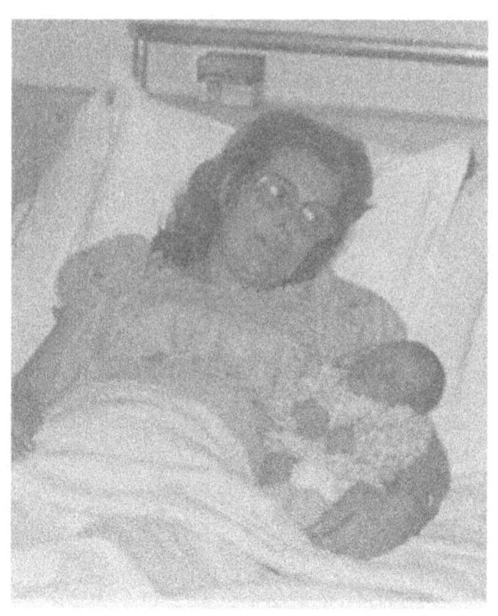

Maman et moi (1979)

Moi (1982), je trouve que j'avais déjà un air de petite fille.

Chapitre I

Ma famille

Ma mère m'a chouchoutée, dorlotée et s'est occupée de moi comme toutes les mamans devraient s'occuper de leurs enfants.

Mes sœurs plus âgées que moi ont été gentilles et patientes avec moi.

Mon frère, lui aussi plus âgé que moi, ne vivait pas avec nous, car il n'était pas de la même mère et vivait donc avec la sienne.

Je peux dire que j'ai eu une belle enfance.

Avec quelques points négatifs tout de même, dont ma relation avec mon père.

Mon père n'était pas trop pour jouer avec moi ou pour me montrer ses sentiments.

Même pour ce qui était de m'apprendre les choses qu'il savait faire, ça a été le grand vide parce qu'il manquait vraiment de patience.

Lui et moi ne partagions pas grand-chose.

Et malgré tout j'ai toujours su qu'il m'aimait même s'il ne le laissait pas paraître.

J'étais une enfant plutôt capricieuse, exigeante et au caractère vraiment pas facile et pourtant mon père a toujours pris ma défense et a toujours fait tout ce qu'il pouvait pour que j'aie tout ce dont j'avais besoin, au niveau matériel du moins.

Il buvait beaucoup trop, et même s'il n'a jamais été violent physiquement avec mes sœurs et moi, il avait souvent des paroles blessantes, il hurlait pour un rien, il était colérique.

Il a par contre, à une certaine époque, été violent avec ma mère.

On a eu des moments très compliqués, qui ont laissé chez ma mère, mes sœurs et chez moi des cicatrices qui s'atténuent, mais ne disparaîtront jamais.

Pour prendre un exemple, à la période de Noël et au réveillon de la nouvelle année. Il buvait tellement qu'il avait un art particulier à foutre les soirées en l'air en les faisant tourner à disputes.

C'est dur de créer une relation avec un père qui ne semble pas en avoir envie.

Je n'ai jamais pu entendre un « je t'aime » de mon père.

Heureusement pour moi, ma mère m'a donné de l'amour pour deux.

Elle écoutait mes souhaits, mes chagrins et mes difficultés. D'ailleurs, elle les écoute toujours.

Ma sœur Sandrine (1979)

Mon frère Patrick (1979)

Ma sœur Muriel (1979)

Chapitre II

Début de l'adolescence

On peut dire que les dix premières années de ma vie je ne me suis pas vraiment posée de question sur mon orientation sexuelle ou sur mon genre.

Ce qui me semble normal pour une jeune enfant.

De ce que je me rappelle de cette époque, je ne pense pas que j'aie eu le moindre moment où je me sentais mal à ce sujet.

Mais à bien y réfléchir, il y avait déjà des signes.

Je me refermais beaucoup sur moi-même. J'étais sur mon ordinateur, assez solitaire.

J'avais bien sûr quelques copains avec qui je jouais de temps en temps quand je sortais dans la rue, mais je rendais ces moments les plus rares possibles.

Quand j'allais à l'extérieur, tous les autres voulaient jouer au foot ou à d'autres jeux de garçons, mais les jeux qu'ils aimaient ne m'intéressaient pas.

Mon activité extérieure préférée, partir seule à vélo, mais au final je préférais quand même être tranquille à la maison.

J'avais beaucoup de jouets que je sortais au milieu du salon ou de la cuisine, puis je ne jouais quasiment pas avec.

Des petites voitures, des soldats, des armes factices… des jouets de garçons, sans grand intérêt pour moi.

Je me rappelle aussi avoir passé de longues heures à regarder des dessins animés et à écouter des disques de musiques pour enfants.

Les cassettes vidéo des Bisounours et des petits poneys étaient mes préférées.

À l'école primaire, quand quelqu'un me causait des soucis, je courrais chercher mes grandes sœurs pour me défendre.

Ce n'est que bien plus tard que je me suis rendu compte que ce n'était déjà pas très masculin ni très vaillant comme comportement.

Vers mes quinze ans, j'ai commencé à me sentir mal, à développer beaucoup de colère envers le monde entier, mais sans comprendre pourquoi. Alors je suis devenue agressive.

J'ai commencé à me battre souvent, trop souvent.

Chaque occasion pour montrer que j'étais « le plus fort » était bonne. Comme si je devais me prouver que j'étais un vrai mec.

Mon père me disait toujours « ne te laisse pas faire, celui qui t'embête, montre-lui qui tu es, cogne ».

À l'heure actuelle, je me demande, si, il m'avait dit de faire preuve de sagesse et de plutôt ignorer les abrutis… les choses auraient-elles été différentes pour moi ?

Me serais-je dit lorsque j'ai ressenti que j'étais une fille prisonnière d'un corps de garçon, qu'il était prêt à accepter qui j'étais réellement ? Évidemment ce sont des questions parmi tant d'autres, auxquelles jamais je n'aurai de réponses.

Mais ce dont je suis sûr c'est que les réactions que j'avais ne collaient pas avec mon ressenti intérieur.

Après avoir frappé quelqu'un, je m'en voulais, je me disais que je n'étais pas comme ça.

Grand nombre de fois, il m'est arrivé ensuite de m'isoler pour pleurer.

J'ai regretté, et je regrette encore aujourd'hui certains comportements d'Anthony.

Il m'arrive de parler du « moi garçon » comme d'une autre personne, parce qu'Anthony était une façade, un déguisement, une armure, une image montrée, mais qui n'avait rien à avoir avec ce que j'avais dans le cœur et dans la tête.

Beaucoup de comportements dont je ne suis pas fière.

J'ai passé une bonne partie de mon adolescence avec un de mes cousins, Fabian. Nous aimions les jeux vidéo et passions beaucoup de temps sur l'ordinateur. De plus il n'était pas porté sur la violence donc il avait tendance à me canaliser et à m'empêcher de faire des choses que j'aurais de fait regrettées après coup.

Mon parcours scolaire secondaire était une vraie catastrophe. Mal dans ma peau, j'étais plus préoccupée à mettre le désordre et à soigner mon image de « mauvais garçon » plutôt que de suivre mes cours qui n'avaient de toute façon aucun intérêt pour moi parce que chacune des options dans lesquels je suis allée était des choix orientés par mon genre de naissance.

J'aurais bien entendu préféré aller en vente, en bureautique, ou vers la mode et la couture, mais pour ne pas avoir l'air faible, je ne pouvais pas choisir des options « de filles ». Alors, j'ai fait menuiserie, mécanique automobile, maçonnerie, sans jamais y trouver ma place ni aucun plaisir, je détestais ces métiers et de ce fait je n'ai jamais obtenu aucun diplôme dans aucune de ces branches.

Je n'ai d'ailleurs obtenu un diplôme que bien plus tard dans l'informatique via des formations pour adultes.

L'informatique a, depuis toute jeune, été ma passion.

Mon père avait acheté un ordinateur quand j'avais 8 ans, je m'y suis de suite intéressée.

À cette époque ma sœur avait un petit ami qui était très fort dans ce domaine et il m'a transmis toutes les bases nécessaires pour bien évoluer dans ce milieu.

Ça me divertissait et en plus c'est un domaine dans lequel je pouvais être seule, avec mon clavier ou ma manette.

Au fur et à mesure des années je suis devenue autodidacte ce qui m'a permis de facilement obtenir une qualification de technicienne PC et réseau.

Moi à 17 ans (1998)

Chapitre III

Les désirs secrets

J'ai eu des petites amies bien sûr.

Mais j'avais aussi une attirance naissante pour les garçons, je voulais essayer, je voulais savoir, je voulais découvrir, mais à côté de ça il y avait les copains, la famille, les amis proches à qu'il ne fallait pas montrer ce que je ressentais.

Je pensais que ça aurait été tellement mal vu.

« Et si, ils étaient déçus ? »

« Et si, ils m'abandonnaient ? »

« Vont-ils se moquer de moi ? »

Tant de questions qui me terrifiaient.

Sans parler de mes cousins, qui comptaient beaucoup à mes yeux. Ils étaient « ce à quoi je devais ressembler » pour parfaire cette façade de « Vrai mec ».

Eux étaient virils, craints, savaient se défendre et s'imposer.

J'ai poussé la façade jusqu'à une délinquance sur laquelle je préfère ne pas m'étendre et dont je suis peu fière.

Un de mes cousins me disait souvent que deux hommes ensemble c'était dégoûtant.

Je ne me voyais pas lui dire ce que je ressentais et ce dont j'avais envie.

La solution pour expérimenter ce dont j'avais besoin, je l'ai trouvée dans ma solitude et en secret.

C'était le début d'Internet.

Il y avait moyen de parler avec des garçons grâce aux logiciels de chat de l'époquc. (IRC Internet Relay Chat) J'ai donc fait des connaissances sur des canaux gay et j'ai expérimenté lors de rencontres occasionnelles, mes premiers rapports homosexuels.

Rapports dans lesquels j'étais exclusivement passive. Tout ça bien sûr, devait rester secret pour mes parents pour mes copains et pour toutes autres personnes de mon entourage.

J'avais trop honte de ce que je faisais, même si au fond il n'y avait pas de raison.

J'ai même eu avec un garçon une relation qui a duré 3 mois et qui est restée secrète. Valérian.

Je ne m'autorisais pas à le dire à qui que ce soit.

À partir de ce moment, où j'ai eu plusieurs rapports avec des garçons et des filles, je m'identifie donc comme bisexuel, mais avec une préférence pour les filles.

Déjà à cette époque, avec les filles, je préférais faire les préliminaires que la pénétration. Mais au final c'est logique puisque pénétrer sa partenaire est plutôt un acte masculin.

Quand on est ado, on commence à avoir envie de choisir ses vêtements et son style.

Là, les choses ont continué à se compliquer pour moi. « La mode de mec c'est trop moche » était une phrase qui résonnait très souvent dans ma tête.

Les garçons de mon âge rêvaient d'avoir un scooter, et un blouson de cuir, tandis que moi je commençais à rêver de pouvoir mettre du vernis, de laisser pousser mes cheveux et de porter des jupes.

Sur les murs de ma chambre, il y avait beaucoup de photos et de posters de filles. Pas parce que ça satisfaisait des envies ou des phantasmes érotiques, mais plutôt parce que j'aurais tellement voulu leur ressembler, porter les mêmes tenues.

L'idée que j'étais une fille faisait de plus en plus son chemin dans ma tête.

Je me suis posée des tas de questions et je me suis vite rendu compte que je n'aimais que des « trucs de filles ».

Il m'est même arrivé d'aller dans la garde-robe de mes sœurs pour leur emprunter des vêtements que je portais en cachette dans ma chambre.

Une fois je me suis endormie avec une jupe.

Des moments mitigés entre stress et bien-être.

Surtout le stresse que mon secret soit découvert.

Vers mes 17 ans, j'ai eu la certitude que j'étais une fille, c'était une évidence que je ne pouvais plus nier.

J'ai commencé à régulièrement fréquenter un café nommé « Relax café ». J'y allais avec un de mes cousins, Daniel, qui était pour sa part 100 % hétéro, mais qui aimait bien l'ambiance des milieux gay et n'avait rien contre les homosexuels.

Moi je m'y sentais tellement bien, là je n'avais pas besoin de jouer cette fausse virilité qui me collait à la peau.

Lors d'une soirée dans une boîte de nuit, « La Mama Roma », fréquentée principalement par des gays des transgenres et des travestis, je me suis même mise à rêver quelques instants… « Moi aussi je pourrais… »

Mais non, je ne pouvais pas, je devais rester ce qu'on attendait de moi.

Et j'ai continué à garder mes secrets.

Ces petites phrases que me disait mon père comme « un homme, ça ne pleure pas » ont aussi fait partie de mon blocage.

Je ne me voyais pas dire qu'Anthony le petit frère tant attendu, le fils de qui les parents sont si fiers et le copain derrière qui on pouvait se cacher en cas de problèmes était en réalité une fille fragile.

Alors pour ne pas décevoir et choquer, la petite fille est restée cachée en silence. Une larme sur la joue essuyée au plus vite pour que jamais personne ne la voie pleurer.

Souvent un garçon un peu efféminé est insulté et est victime de moqueries. Je ne me sentais pas prête à affronter tout ça.

Physiquement et en apparence, j'étais comme un roc, mais à l'intérieur j'étais trop faible pour assumer.

Le malheur c'est qu'on finit par se dire que les autres ont peut-être raison, alors on souffre et on n'ose pas sortir de l'ombre parce qu'on se sent anormal.

Malgré que maintenant il y a plus d'informations sur la transidentité et l'homosexualité, il reste quand même beaucoup de violences verbales et physiques inadmissibles contre les personnes qui le sont.

Concernant les personnes transgenres, une étude menée en 2014 démontrait que 67 % avaient pensé au suicide avant leur transition contre seulement 3 % après.

41 % ont fait une tentative (réussie ou non)

Je fais partie de ces 41 %, je vous l'expliquerai plus loin.

La transphobie et l'homophobie font souffrir et tuent encore trop de personnes à ce jour.

Si notre société pouvait ouvrir son esprit et laisser chacun vivre comme il le veut, comme il se sent le mieux, sans toujours porter de jugements et sans déverser de la haine et de la méchanceté, tellement de vies pourraient être sauvées.

Chapitre IV

Les premières femmes dans ma vie

J'ai eu des relations avec des filles, mais je n'étais pas la partenaire idéale.

Je sais aujourd'hui que mon mal-être ne justifie en rien le comportement que j'avais à cette époque avec mes compagnes.

J'ai mal fait beaucoup de choses, mais on ne peut pas revenir en arrière.

À presque 18 ans, j'ai eu ma première relation sérieuse et je me suis mise en couple avec une femme de 10 ans mon aînée.

Cette relation a duré un peu moins d'une année, nous étions trop différentes et je l'ai quittée pour me mettre avec une fille de mon âge.

Relation qui, elle, a duré 2 ans.

J'ai été désagréable, égoïste, méchante en paroles.

Mal dans ma peau, jalouse de sa féminité alors que moi je devais cacher la mienne.

Malheureusement je n'ai pas eu grand respect pour elle ni pour qui que ce soit d'ailleurs. Je me croyais obligée de montrer force, fierté, et orgueil, une sorte de domination masculine malsaine alors hors de question de montrer trop de sentiments.

Je ne m'accordais pas le droit d'être douce, gentille ou de trop dire « je t'aime ».

Pas question à ce moment de faire un cadeau ou de faire plaisir.

Je montrais que les voitures et les copains comptaient davantage que celle avec qui je partageais ma vie.

J'ai même souvent été infidèle.

Je l'ai quittée c'était pour me mettre avec celle qui sera la génitrice de mes quatre premiers enfants, Océane, Nolan, Arwen et Norah.

Si je l'appelle « génitrice » c'est qu'elle n'a été que ça pour eux.

Entre les cris, les insultes et le fait de les rabaisser à chaque occasion qu'elle avait, je n'ai pas trouvé un instant pour la qualifier de mère.

Pour moi l'image d'une mère est celle que j'ai eue avec la mienne, amour, attention, douceur et soutien.

Avec la génitrice ce fut une relation chaotique, des disputes chaque jour, l'infidélité et aucune envie de me remettre en question pour quelqu'un avec qui je restais par habitude.

Et pour ne pas arranger les choses, on n'avait rien de compatible.

Je ne peux pas m'expliquer aujourd'hui comment cette relation a pu durer sept ans, si ce n'est peut-être que nous fréquentions régulièrement des clubs libertins et que ça me permettait une vie sexuelle très active avec différents partenaires de tous genres, même si au final j'ai toujours préféré les rapports au féminin.

Durant cette période mon côté délinquant a encore augmenté, ce que je regrette bien souvent.

Le seul côté positif de cette relation, mes enfants qui sont venus au monde durant cette période.

21 ans, je n'étais pas prête à avoir d'enfants. Quand la génitrice m'annonce qu'elle est enceinte, je me dis que ce n'est pas possible parce que nous nous disputions chaque jour, que notre relation était de plus en plus néfaste et que je comptais y mettre un terme. Ce n'était vraiment pas la place d'un enfant.

Malgré tout je n'ai pas imaginé une seconde qu'elle puisse avorter, je n'aurais pas supporté de mettre un terme à la vie d'un enfant, qui plus est, est le mien.

Océane vient donc au monde en 2002. Le fait de prévoir sa venue n'avait pas arrangé les choses avec la génitrice, bien au contraire.

Je l'ai quittée une première fois peu de temps avant l'accouchement.

Comme beaucoup de couples qui se séparent, nous aurions dû nous occuper chacune de ce bébé qui arrivait, mais cela n'a pas été le cas.

La génitrice a voulu se servir de notre fille comme moyen de pression en m'avertissant que si je ne restais pas avec elle je ne la verrais jamais.

Ses menaces n'ont pas été de longues durées puisque, pour avoir une excuse pour me voir, elle venait chaque jour avec la petite chez mes parents où j'habitais.

Quand elle a vu qu'elle ne me récupérerait pas pour autant, elle l'a, une après-midi, mise sur trottoir devant la maison de mes parents en me disant « voilà ta gamine, crève avec ! »

J'ai donc pris ma fille chez mes parents.

C'était déjà très compliqué dans ma tête, mais là ça à bien empirer. Je ne me sentais pas les épaules d'assumer ce petit morceau de moi pourtant si adorable.

Ma mère m'a alors proposé de s'en occuper.

À cette époque je n'ai pas réfléchi et j'ai accepté.

Je savais qu'auprès de ma mère elle ne manquerait jamais de rien.

J'ai toujours eu de bons rapports avec ma mère donc je savais que je pouvais voir Océane quand je le voulais.

Après 8 mois de séparation, la génitrice m'a recontactée en me disant qu'elle avait compris et changé, qu'elle aimerait une seconde chance.

Elle a fini par avoir ce qu'elle voulait, enfin presque. Ce qu'elle n'avait pas prévu c'est que pour protéger ma fille d'elle, j'avais fait faire un jugement qui donnait tous les droits de garde sur la petite à ma mère.

Il faut dire que pendant ces mois où nous étions séparées, la génitrice a trouvé refuge dans la drogue et ne fréquentait que des personnes peu recommandables. Donc j'avais bien peur qu'elle prenne la petite et l'emmène avec elle dans sa chute et dans des milieux toxiques.

J'ai donc dû l'aider à décrocher de ses addictions.

Notre relation est restée compliquée, je n'avais pas vraiment de sentiments pour elle, je restais encore une fois par habitude.

Nous avons pris un appartement.

À cette époque je travaillais beaucoup et quand je pouvais faire des heures supplémentaires je n'hésitais pas. Le temps que je passais au travail était du temps que je ne passais pas chez moi.

En 2004, elle m'annonce qu'elle est de nouveau enceinte.

Je dois avouer qu'au début ça ne m'enchantait pas.

Un deuxième enfant alors que ça n'allait pas mieux…

Est arrivé le jour de la naissance de mon premier garçon, Nolan. J'étais remplie de fierté.

Elle, par contre, n'en avait vraiment rien à faire.

Quand il pleurait la nuit, elle me disait d'y aller, qu'il la faisait « chier ». Alors j'ai passé de longues nuits à ses côtés en lui tenant la main et en lui donnant tout l'amour que je pouvais puisqu'il n'en recevait pas de sa génitrice. Lui dans son petit lit et moi à côté sur une chaise. Bien souvent je m'endormais appuyée sur le bord du lit parce que dès que je lâchais sa main il se réveillait et pleurait.

Au fil des années lui et moi sommes restés proches.

Je pouvais lui donner tout l'amour que je voulais, de toute façon aux yeux de la génitrice, nous étions transparents.

En 2005, elle m'annonce toute souriante qu'elle est de nouveau enceinte.

Pour moi ce n'était plus si grave que les deux premières fois parce que je savais que je pourrais gérer un enfant de plus, mais j'avais la certitude qu'elle ne changerait pas et ne s'en occuperait pas plus.

Malgré de nombreuses disputes où elle promettait à chaque fois de changer, rien n'a avancé.

Ça allait le jour qui suivait la réconciliation sur l'oreiller, puis ça repartait de plus belle.

Donc je m'occupais de Nolan et d'Arwen du mieux que je pouvais quand je n'étais pas au boulot.

Au travail j'étais envahie d'un vrai stress et de culpabilité parce que je savais que quand je n'étais pas là elle les laissait livrés à eux-mêmes alors qu'ils étaient tout petits. Elle les laissait de nombreuses heures dans leur parc sans s'en soucier et sans les changer. Elle donnait juste le biberon parce que leurs cris l'empêchaient d'entendre sa télévision.

Quelques mois après la naissance d'Arwen, j'ai arrêté de travailler, ce qui me permettait de m'occuper de mes enfants à temps plein.

Nolan et Arwen grandissaient bien et me ressemblaient de plus en plus.

Comme on ne recevait que très rarement, je pouvais être moi-même avec eux.

Quand on avait de la visite, la génitrice jouait la mère exemplaire. Ça m'arrangeait qu'elle s'en occupe quand quelqu'un était présent, ça me permettait de ne pas montrer mon côté « mère poule » aux amis et à la famille. Je pouvais donc garder mon « déguisement d'homme insensible » intact.

Dur pour moi de garder le secret de ma féminité, mais j'avais l'impression de ne pas avoir le choix.

J'ai continué à faire semblant en silence.

Dans le courant de l'année 2006, une nouvelle grossesse sonne comme un orage dans ma tête.

Encore une fois, elle prend soi-disant la pilule de façon régulière et elle tombe malgré tout enceinte.

« Tu n'en as déjà rien à faire des premiers, que feras-tu d'un enfant de plus ? ».

Sa réponse pourtant tellement attendue arriva quand même à me surprendre et à me choquer.

« Tu t'en occuperas puisque toi tu es si parfait ! »

Je ne prétendais pas être parfaite, mais moi je faisais de mon mieux pour qu'ils ne manquent de rien.

La naissance de Norah m'a permis de me rendre compte à quel point elle avait encore moins la fibre maternelle que ce que je pensais.

Norah est née d'un accouchement compliqué avec hémorragie. Les médecins ont dû ramener le bébé à la vie. Suite à ça, Norah a eu de lourdes séquelles neurologiques avec un retard mental important.

Lorsque Norah faisait des crises, elle pouvait hurler durant des heures sans s'arrêter, ce qui avait tendance à mettre la génitrice dans des colères folles.

Très souvent elle me disait qu'elle finirait par jeter la petite par la fenêtre. Une mère sensée qui aime ses enfants ne tient jamais de tels propos.

Il a fallu faire beaucoup d'examens médicaux, avec Norah ; aussi des rendez-vous hebdomadaires chez des logopèdes et des personnes spécialisées dans l'éducation psychomotrice.

Un jour à l'hôpital, la génitrice n'a pas su se retenir de tenir des propos déplacés et menaçants envers la petite devant les infirmières.

Les services sociaux ont été prévenus et ça l'a mise encore plus en colère.

En rentrant à la maison, nous nous sommes disputées parce que je trouvais qu'elle dépassait les bornes.

Suite à ça est arrivé ce que je n'ai pas toléré, elle a giflé Norah en prétendant que c'était de sa faute.

Notre rupture, je l'ai décidée suite à cette gifle, Norah avait à peine plus de 1 an.

J'avais alors vingt-huit ans, je me suis dit cette fois que je la quitte et je vais enfin vivre ce que je dois vivre, me laisser le droit d'être moi-même.

« si elle n'est pas leur mère, alors je le serais »

Je voulais assumer, faire mon coming-out, ma transition, vivre pour mes enfants et moi, mais…

Encore ce mais…

Je n'arrive pas à me faire à l'idée de décevoir mon entourage et je ne voyais pas la solution pour sortir de cette image masculine dans laquelle je m'étais enfoncée durant tant d'années.

Je me disais aussi que la génitrice aurait pu se servir de ça pour me reprendre les enfants et les faire souffrir… « Non, je n'ai qu'à m'oublier ».

« De toute façon, ce n'est qu'un rêve »

Encore une fois, je n'ai rien changé et j'ai gardé mon déguisement d'homme.

Océane née en 2002

Photo à 1 an et demi (2003)

Arwen née en 2005

Photo à 8 mois

Nolan né en 2004

Photo à 2 ans et demi (2006)

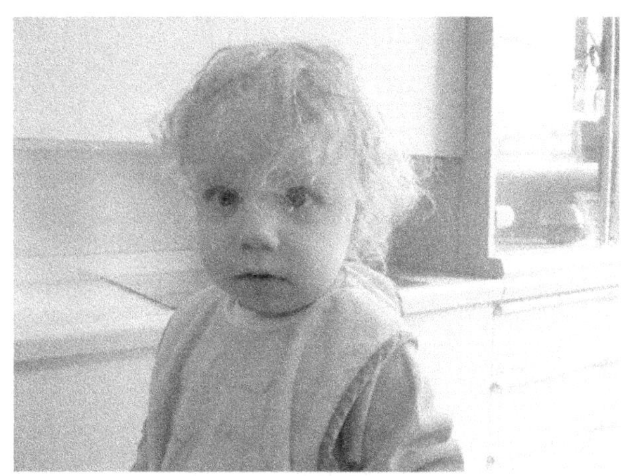

Norah née en 2007

Photo à 2 ans (2009)

Chapitre V

La rencontre de mon soleil

En décembre 2008, ma vie a pris un tournant que je n'attendais pas.

Un jour où je dépannais l'ordinateur de ma mère, celle-ci a reçu un message « MSN ».

Je l'ai avertie de ce message et elle m'a demandé de répondre qu'elle n'était pas disponible le temps que je dépanne son ordinateur.

J'ai donc écrit sans savoir qui était cette jolie brune sur la photo « Bonjour, je suis le fils de Nicole, je dépanne son ordinateur, elle vous répondra plus tard »

La réponse fut surprenante, car cette jeune fille me connaissait.

Quelques secondes de conversation avec elle me suffisent pour la reconnaître.

Jessica, cette petite fille adorable que mes parents gardaient régulièrement quand j'étais ado.

Les souvenirs… à la période où j'étais colérique et incontrôlable, le fait d'avoir ce bébé à la maison ou dans mes bras me ramenait à une douceur qui m'apaisait.

Un seul de ses sourires me faisait tout oublier.

Quand elle n'était pas là, je ressentais un manque terrible, comme si on m'enlevait une partie de moi.

Alors chaque jour où elle était à la maison, je ne sortais pas et je lui consacrais la plupart de mon temps.

Suite à une décision de sa mère, qui était en désaccord avec une de mes sœurs, Jess, elle n'est plus venue chez nous pendant un certain temps. Temps pendant lequel j'ai grandi et appris à vivre avec ce manque.

Ma mère avait pu la revoir plus tard, alors que moi je faisais ma vie sur un chemin bien différent.

Ce joli bébé était devenu une magnifique jeune fille de 16 ans.

Voilà que ce 28 décembre 2008, le hasard fait que nos chemins se croisent à nouveau à travers un écran.

Nous décidons alors de nous voir le lendemain, en toute amitié.

À cette époque j'avais 29 ans, elle 16, au début, je ne me serais même pas permise de rêver qu'elle me voit autrement qu'en amie.

Lorsque nous nous sommes rencontrées, le lendemain, j'ai découvert une chose importante, c'est que chaque personne sur terre à son âme sœur et peu importe le chemin qu'on choisit, peu importe la distance qui les sépare, deux âmes sœurs finissent toujours par se retrouver.

Ce jour-là, j'ai reconnu la mienne.

Jess chez mes parents avec mon père (1993)

Le moment du rendez-vous est arrivé, elle s'est approchée de ma voiture et a ouvert la portière, elle n'a même pas eu le temps de s'asseoir que j'ai eu ce qu'on peut appeler un coup de foudre. Pour moi le temps s'est arrêté et tout mon univers a été bousculé.

À peine deux heures plus tard, notre premier baiser, qui était de mon initiative, mais qui ne lui avait visiblement pas déplu.

« À demain ».

Nous nous sommes revues le 30, l'amour de ma vie me remplissait de bonheur à chaque seconde passée à ses côtés.

Tout a été très vite.

Le 31 nous avons fait l'amour pour la première fois.

La première fois de nos 1000 autres premières fois.

Avec elle, j'ai découvert le vrai amour, un amour si grand que je ne savais pas comment le gérer.

Elle par contre au début m'aimait bien, comme une amourette de passage.

Alors que moi je savais déjà que je voulais faire ma vie à ses côtés, elle pensait que j'allais vite me lasser d'elle et la laisser tomber, alors elle ne voulait pas s'attacher.

De mon côté, plus j'apprenais à la connaître et plus je l'aimais.

Mais elle semblait avoir de la tristesse dans le regard, comme une blessure encore ouverte, qui l'empêchait trop souvent de sourire et qui empêchait son cœur meurtri de s'ouvrir.

Elle avait eu une vie déjà très compliquée pour son jeune âge.

Elle s'est assez vite confiée à moi à ce sujet.

Elle avait subi durant plusieurs années des viols répétés.

Elle en avait fait part à l'école, mais cela avait été minimisé.

Elle avait encore, malgré la dénonciation faite, été la victime de son bourreau des dizaines de fois.

(Afin de respecter son choix de ne pas vouloir développer le sujet, je ne parlerais pas ici des détails les plus sordides de son passé.)

Je lui ai dit que si elle le souhaitait je l'aiderais et que cela ne se reproduirait jamais plus.

Elle a donc déposé plainte à la police.

Je l'ai protégée, soutenue et cela n'est plus jamais arrivé.

Avec de telles cicatrices, comment pouvoir construire une relation amoureuse solide ?

Pourtant son courage à dépasser tout ce qu'il est possible de supporter.

Et malgré les placements en institutions à plus de 160 kilomètres de moi, elle a continué à se battre pour passer chaque instant possible à mes côtés, parce que ses sentiments avaient évolué, elle m'aimait vraiment.

J'avais trouvé la femme de ma vie alors je me suis dit que je devais rester un homme pour pouvoir la protéger, la chérir jusqu'à la fin des jours.

J'étais persuadée que ce côté féminin allait disparaître avec le temps.

Et puis ma souffrance d'être dans le mauvais corps devait être bien moins intense que celle qu'était la sienne avec son passé chargé.

Je ne pouvais désormais plus me passer d'elle et pourtant, j'ai encore tout fait de travers.

Aujourd'hui encore mon comportement de cette époque me hante.

J'ai été loin d'être « le copain » exemplaire, pourtant mon cœur était rempli d'amour.

Je n'arrêtais pas de faire n'importe quoi.

Ses parents et mon ex avaient réussi à me persuader que quand elle serait émancipée elle me jetterait.

Et moi comme une idiote je n'ai pas cru en ses « Je t'aime ». J'ai été faible.

Je lui ai manqué de respect et de fidélité à plusieurs reprises.

Quand elle a appris que je la trompais, elle aurait dû m'arracher les yeux et me dégager, ça aurait été mérité.

Mais au lieu de ça, elle est restée silencieuse toute la journée.

Le soir nous sommes allées nous coucher et sans un mot, elle s'est déshabillée, s'est mise sur moi et m'a fait l'amour.

Lorsque nous avons eu fini, elle m'a posé une seule question « Alors, que t'apportent-elles de plus que moi ? »

Je n'ai pas su répondre parce que personne ne m'avait jamais donné ce qu'elle me donnait à chaque instant au contact de sa peau.

Personne ne me regardait avec autant d'amour.

Aucune voix ne m'apaisait autant que la sienne.

Rien ni personne n'a jamais été comparable à elle.

Elle m'a dit « Je t'aimerais toujours » s'est mise sur son côté, contre moi et s'est endormie.

Cette nuit-là, je l'ai passée à pleurer en silence.

Comment avais-je pu lui ajouter de la souffrance à celle qu'elle portait déjà ?

Depuis ce jour, mon corps n'a plus appartenu qu'à elle.

Elle m'a pardonné, mais jamais elle n'oubliera et ça, je m'en voudrais toujours. Moi je ne me pardonnerais jamais.

Nous nous sommes fiancées le 14 février 2009. Avant elle, je n'avais jamais voulu me marier. Mais cette fois c'était différent. Mes relations d'avant n'étaient que des brouillons qui n'avaient aucune importance.

Après ça j'ai fait le maximum pour la relever et pour la protéger de ceux qui auraient voulu lui faire du mal.

Mon Soleil, malgré sa jeunesse et malgré toutes les souffrances qu'elle a vécues auparavant, a décidé d'aimer mes enfants comme si c'était les siens.

Non seulement elle est devenue leur mère, mais en plus elle m'a donné trois merveilleux enfants. (En 2010 Kylian, en 2011 Kayline et en 2014 Flora)

Kylian, un petit garçon adorable, qui a des troubles autistiques, mais qui ne fait que sourire, et partager une joie énorme autour de lui. De plus il est la copie conforme de sa maman.

Kayline, une vraie princesse, un parfait mélange de nous deux. Une petite fille fragile et qui aime prendre soin des autres. D'ailleurs elle engueule maman quand elle fume. C'est tellement adorable.

Flora, le petit dragon, la petite dernière qui sait, se montre tant adorable qu'infernal.

Trois enfants qui sont le fruit de notre amour, ils reflètent la pureté et la force de nos sentiments.

Kylian né en 2010

(Photo 2022)

Jess le jour de notre rencontre 2008)

Kayline née en 2011

(photo 2022)

Flora née en 2014 (Photo 2022)

Jess, Notre première Saint-Valentin (2009)

Moi (2008)

Chapitre VI
Notre union

Le 9 mars 2013, nous nous sommes unis pour le meilleur et pour le pire, dans la santé comme dans la maladie et jusqu'à ce que la mort nous sépare.

Cette journée avait mal commencé, sa coiffeuse avait un retard de plus d'une heure et demie, alors que nous étions attendues à la maison communale et à l'église. D'ailleurs une bonne partie des invités et témoins y étaient bien avant nous.

De ce fait mon humeur était catastrophique, j'étais même presque sur le point de tout annuler. Mais je ne pouvais pas lui gâcher cette journée qui la stressait déjà beaucoup, que nous préparions et attendions depuis plusieurs mois avec impatience.

Lorsque j'arrive à la porte de la maison de ses parents chez qui elle avait été pour finir de se préparer avec l'aide d'une de mes sœurs. Je sonne et c'est Jess qui vient ouvrir. À cet instant, toute ma mauvaise humeur a disparu. Sa beauté était éblouissante, le plus beau sourire que l'on puisse rencontrer au cours d'une vie, une robe qui lui allait à merveille.

La plus belle mariée que j'aie jamais vue, un vrai diamant.

La voir apparaître fige encore une fois le temps pour moi.

Elle était heureuse et je l'étais tout autant.

Ce fut, tout comme les naissances de mes enfants, un des plus beaux jours de ma vie.

Avec les années on a appris à se connaître par cœur.

On se disait tout. La seule chose qu'elle ne connaissait pas de moi, c'était le secret de ma transidentité.

Secret qui était plus facile à garder parce que j'étais dans une période où je ressentais moins la dysphorie.

Elle avait bien évidemment tout au long de notre relation, perçue chez moi pas mal de côtés de ma féminité. Par exemple, lorsque nous nous sommes mises ensemble, les murs de mon appartement étaient roses, ma décoration était rose et tout était très girly.

Mon goût pour les parfums féminins, le fait que tous mes produits de corps tels que gels douche et shampoings étaient exclusivement des produits destinés aux femmes.

Il y avait aussi mon intérêt pour les fleurs et pour les décorations fleuries.

Je ne supportais pas la pilosité masculine.

Elle m'a dit des dizaines de fois depuis que nous sommes en couple qu'un jour je deviendrais une femme, je répondais toujours que non, parce qu'évidemment pour moi il n'était toujours pas possible d'assumer ce mal qui me rongeait en silence.

J'aurais pourtant voulu avoir cette force de lui dire, mais je n'y suis pas parvenue.

À ce moment j'étais comblée, car, que vouloir de plus que l'amour d'une épouse douce, belle, fidèle qui est une maman idéale pour tous mes enfants ?

Mon Soleil, ma joie, ma raison de vivre était à mes côtés tous les jours, faisant de ma vie un conte de fées.

Il restait juste cette ombre sur le tableau, le fait que j'étais dans le mauvais corps.

J'ai tenté mille fois de me persuader que je pourrais tenir le coup et faire toute ma vie dans ce corps d'homme. J'ai continué à être la personne que tout le monde connaissait.

Le jour de notre union

(2013)

Chapitre VII

Plus important que moi

En 2011 la santé de mon soleil s'est dégradée lui ajoutant de nouvelles souffrances.

Elle a développé des problèmes de thromboses, un papillomavirus, des troubles du sommeil, une maladie dégénérative de la colonne vertébrale.

Mon épouse et mes enfants ont besoin de moi, alors je décide naturellement de continuer à m'oublier.

Sans aucun regret et sans la moindre hésitation, il me semble logique que ma famille est plus importante que tout.

Alors je laisse ma propre souffrance dans un tiroir.

Je n'ai plus d'inquiétude pour moi parce que mon esprit est trop occupé à penser à mon amour qui souffre.

La peur de la perdre, voir son état se dégrader sans pouvoir rien y faire sont des choses qui me forcent à ignorer ce que je ressens pour moi-même.

C'est une sorte de répit par rapport à ma dysphorie de genre, mais en même temps une lourde charge mentale de la savoir si mal.

On passe beaucoup de temps dans les hôpitaux.

Il y a les enfants et la vie de tous les jours.

C'est assez étrange à dire, mais pendant une période qui s'étend jusque 2015 je fais un déni de mon mal-être, un peu comme si tout allait bien et que j'avais enfin fait la paix avec ce corps masculin que je déteste depuis tant d'années.

Tant que ça va, je ne cherche pas à comprendre le pourquoi.

Si mon secret était préservé et que je n'avais plus le besoin de jamais le révéler, serait-ce la solution ?

Mais Tonya ne faisait que se faire discrète le temps que tout aille mieux…

Chapitre VIII

Le retour du besoin de féminité

Nous sommes en mars 2015, la santé de Jess ne s'améliore pas, mais ne se dégrade plus pour le moment.

Elle parvient à avoir une vie presque normale.

Nous déménageons et au fur et à mesure des semaines je recommence à me sentir mal dans ma peau. De nouveau je n'ai plus envie de m'habiller qu'en noir, mon sourire disparaît peu à peu et mes larmes au coucher reviennent pour remplir mes yeux avant mon sommeil.

Il faut que je trouve un moyen pour que ça ne recommence pas, je ne veux pas devoir affronter de nouveau cette douleur et cette tristesse.

Le hasard m'ayant un jour amenée à devoir me rendre dans un club de motards, je vois là une chance à saisir. Je choisis alors de rentrer dans ce monde viril et dans lequel la petite fille en moi n'aura pas sa place.

J'achète donc ma première moto et je commence à fréquenter les clubs.

J'y rencontre du monde et j'y passe beaucoup de temps.

Jess n'y trouve pas vraiment sa place, mais comme elle pense à moi, elle ne me le fait pas remarquer tout de suite. Elle aime juste les balades en moto, mais l'ambiance générale des clubs ne lui plaît pas.

De mon côté je passe quelques bons moments, mais je me rends souvent compte que je ne suis pas à ma place.

Je persiste en me disant que ça va me permettre d'effacer totalement le problème qui me ronge l'âme.

Je surjoue la virilité jusque mi 2020 j'ai l'impression d'être maître de la situation. Malgré un chagrin présent chaque jour, j'arrive à garder le secret. Mais ça n'a pas duré bien longtemps.

J'ai à ce moment une réputation de quelqu'un qu'il ne faut pas chercher. J'ai un comportement plutôt agressif.

Pas mal de mes compagnons de route me disent souvent avec humour « tu râles autant qu'une bonne femme ». Si seulement ils savaient…

Disons que je n'avais pas ma langue dans ma poche et que pas mal de choses me semblaient injustes.

Notamment la différence faite dans ce milieu entre les hommes et les femmes.

Les femmes y ont le statut « d'accompagnantes » et n'ont pas les mêmes droits que les hommes.

Entre ceux qui buvaient de trop, ceux qui prenaient les femmes pour des objets et les conflits inutiles, difficile de me sentir pleinement épanouie, surtout que ma dysphorie revenait à grands pas malgré que je tentais éperdument de l'ignorer.

Début 2021 j'ai commencé à me sentir sous pression, prête à exploser, alors j'ai laissé apparaître les premiers signes de féminités.

Après avoir partagé beaucoup de moments mitigés dans ce milieu, je l'ai quitté suite au comportement de ce que j'appelle « un sous-homme » pour rester polie.

Un sale type qui s'est senti très fort en levant ses mains sur ma femme parce qu'elle ne partageait pas son avis et ne voulait pas « la fermer » suite à « ses ordres ». Un type de passé 2 mètres qui frappe sur une femme d'1m65 sans défense et se revendique être un vrai dur alors que c'est juste un lâche.

Même si, il s'agit d'une minorité dans le monde actuel, j'ai pensé que si c'était ça l'image de « l'homme » alors je préférais ne plus être identifiée comme tel.

C'était en mai 2021.

J'ai quand même réussi à faire le tri et à garder de cette époque quelques amis qui ont de très belles valeurs et beaucoup de respect.

Moi (2020)

Photo que maman et Jess n'aiment pas.

Chapitre IX

La vie est trop courte

Durant l'année 2020 est arrivé un évènement qui a totalement perturbé mon équilibre déjà bien fragile.

Lundi 23 mars 2020, j'ai eu un appel téléphonique de mon père, ce qui ne m'étonnait pas puisque nous nous parlions par téléphone 2 à 3 fois par mois.

Il avait une santé fragile depuis quelques années.

Ce jour-là, il m'appelle pour me dire qu'il sort de l'hôpital et que tout va bien.

Il me confie avoir un peu retrouvé le sourire et de nouveau manger des quantités correctes.

Il me donnait comme surnom depuis quelques années « Joebloom », je n'ai jamais su pourquoi, mais je trouvais ça sympa.

« Joebloom, je voudrais qu'on se voie ce week-end, vous me manquez », me dit-il.

Une phrase pareille qui sort de la bouche de mon père m'étonne fortement, car même si je sais que je comptais beaucoup pour lui, il ne le laissait jamais paraître.

Nous prévoyons donc de nous rappeler le vendredi pour nous arranger sur l'heure et le repas que nous ferons le lendemain. Quand je pouvais partager un petit moment avec lui, ça me faisait du bien, mais c'était tellement rare.

Si j'avais su ce jour-là que notre au revoir au téléphone serait le dernier et que jamais plus je n'entendrais sa voix…

Après cet appel, Jess me dit qu'elle a un mauvais pressentiment et que je dois me préparer parce que quelque chose de grave va arriver…

Mercredi 25, tôt le matin, je reçois un appel qui m'informe que mon père a fait dans la nuit du mardi un malaise important et qu'il avait été emmené aux urgences.

On m'annonce qu'il a fait un choc septique aux poumons et qu'il est infecté par la Covid-19, ce qui aggrave fortement la chose.

Il est dans un coma artificiel afin de lui éviter des douleurs insupportables.

Comme nous sommes en période de confinement à cause du Covid-19, je ne pouvais même pas aller le voir.

Même si on était pas super proches, savoir mon père sous respirateur, seul à l'hôpital m'était insupportable.

Je sonnais plusieurs fois par jour à l'hôpital pour avoir des nouvelles et je faisais également le relais des informations à sa compagne (mes parents s'étaient séparés en 2002).

J'avais également appelé mon frère aîné, car même si lui et moi n'avions pas de contacts, il voyait encore notre père de temps en temps.

L'état de mon père se dégradait et durant le week-end ses reins ont lâché.

Le 30, les médecins ont commencé à me faire comprendre qu'il ne reviendrait probablement jamais.

Le 31 ils m'ont expliqué que si même ils parvenaient à le sauver il devrait faire de la dialyse plusieurs fois par semaine, subir une greffe de rein et qu'il serait sur bombonnes d'oxygène à vie.

Il n'aurait ni voulu ni supporté ça.

Mon frère m'avait demandé de prendre la décision si cela s'imposait.

Il ne s'en sentait pas la force et il estimait que comme j'avais été plus proche de notre père que lui, c'était à moi que revenait la décision.

Mes sœurs ne sont pas ses filles biologiques, donc, même si c'est avec lui qu'elles ont grandi, elles n'avaient pas de droit légal de décision.

Alors c'est moi qui ai informé les médecins qu'ils pouvaient le laisser partir.

Ce jour-là, j'ai eu l'impression d'abandonner mon père, voire même de l'avoir tué.

Je n'étais pas prête, on est jamais prêt à perdre ses parents.

Ils m'ont prévenue qu'ils m'appelleraient afin que je puisse aller passer les derniers instants près de lui.

Le 1er avril j'attendais que le service de l'hôpital me contacte…

Mais au lieu de ça c'est sa compagne qui m'a téléphoné aux alentours de 16 h.

Elle m'appelait pour m'informer qu'il était parti aux alentours de 13 h et qu'elle avait été à ses côtés.

Comment était-ce possible ?

Elle avait osé contacter l'hôpital le matin pour faire changer le numéro de « personne à contacter » au profit de son numéro !

Cette femme que je pensais être honnête et respectueuse m'a donc volé le dernier instant que j'aurais pu avoir aux côtés de mon père.

Je peux vous assurer que jamais cette personne n'aura mon pardon.

Toujours est-il que mon père n'est plus là.

Je savais que perdre mon père me ferait mal, mais je n'avais pas pu mesurer à quel point.

Suite à cet évènement compliqué, je me suis sentie complètement détruite.

Lui qui me disait toujours « je vivrai jusque 90 ans rien que pour pouvoir vous emmerder plus longtemps »… Le voilà parti bien avant ça.

Je suis tombée dans un chagrin très violent, au point que j'en ai eu des problèmes de tension artérielle (20 de tension c'est énorme et dangereux)

Des centaines de regrets de ne pas avoir passé plus de temps et essayé de partager plus avec lui.

Pour la première fois, mes enfants me voyaient pleurer.

Mon épouse a été là pour moi et a su, jour après jour, trouver les mots justes pour me permettre de tenir le coup.

Ensuite, il a fallu gérer toutes les questions administratives.

Un enterrement normal n'était pas possible, car nous étions en période de Covid 19, alors il aurait dû se faire enterrer seul. C'était pour moi hors de question, au-dessus de mes forces, de l'abandonner encore.

Alors j'ai pris la décision de le faire incinérer et de le reprendre avec moi le temps que les confinements cessent. J'avais idée de le disperser plus tard accompagnée de la famille afin qu'il ne parte pas seul et que tout le monde ait le temps de lui dire au revoir.

Ma décision a été mal vue par la famille de sa compagne, car eux voulaient que je le mette dans un columbarium près de chez eux et donc loin de chez moi. Encore un peu d'égoïsme de leur part et surtout encore un manque de respect quand ils se sont permis de m'insulter par rapport à ce choix.

Pour moi laisser mon père enfermé dans 50 cm^3 de pierre, seul au froid dans un columbarium revenait encore à l'abandonner. Je préférais le savoir près de moi.

Et après ce qu'ils avaient fait en me volant les dernières minutes que j'aurais pu passer près de lui, leur avis m'importait peu.

Lorsque je suis rentrée à la maison après avoir été récupérer l'urne funéraire, je l'ai déposée sur le meuble près de mon bureau.

À cet instant, j'ai ressenti comme un soulagement, il était près de moi et j'avais le sentiment qu'il était en accord avec le fait d'être là.

J'ai donc commencé à remonter la pente et à faire mon deuil.

Même si, à l'heure où j'écris ce livre, je n'ai toujours pas eu la force d'aller le disperser.

Suite à son décès, une pensée m'obsédait « Tout va bien aujourd'hui, mais demain tout peut s'arrêter ».

Dans les jours qui ont suivis j'ai rêvé de lui à plusieurs reprises et chose étonnante, je me rappelais de mes rêves.

Dans un de ces rêves, il m'a dit « Vis tes rêves, la vie est trop courte ».

Et je n'ai plus pensé qu'à ça.

Je ne sais pas si c'est mon subconscient qui m'a dicté ce que je voulais entendre au fond de moi ou si c'est mon père qui m'a fait passer un message.

D'un autre côté après avoir fait mon deuil, malgré le chagrin persistant, j'ai commencé à me rendre compte petit à petit que son décès me libérait de certaines choses.

Déjà je ne pouvais plus le décevoir.

Et il y a aussi des moments qui sont plus faciles et agréables à vivre. Exemple ? Noël. Je ne passais aucun bon réveillon parce que je vivais dans le souvenir de ceux de mon enfance. J'essayais néanmoins de ne pas pourrir celui de mes enfants comme lui le faisait avec les nôtres. Je n'ai jamais été saoule puisque je ne bois qu'un verre aux occasions, mais pas plus.

Dans un sens il est auprès de moi, puisque j'ai toujours l'urne funéraire à la maison, ce qui me fait du bien, mais d'un autre côté le fait de ne plus l'avoir physiquement présent ce jour-là me permet de me dire qu'il ne saura pas gâcher la fête par ses cris et ses comportements agressifs.

Depuis 2020, les fêtes m'ont paru moins pénibles.

Je les passe avec la femme de ma vie et mes enfants, comme chaque année, mais le petit plus, c'est que maintenant j'ai l'esprit léger.

Malgré tout, le fait de ne pas pouvoir l'appeler pour lui souhaiter de bonnes fêtes me laisse un goût amer.

Mais je ne veux et ne peux plus vivre dans le passé.

PAPA (2013)

Chapitre X

Le début timide

Après cette période horrible que fût le début de l'année 2020, la petite fille qui se cachait dans l'ombre d'Anthony, à crier que c'était assez et qu'elle voulait vivre.

Il fallait oser, mais c'était tellement difficile à dire.

Ce secret que je gardais depuis si longtemps, comment l'avouer ?

Surtout que j'étais à ce moment toujours dans le milieu motard.

J'ai essayé encore et encore de rester un homme. Mais les choses empiraient, mon reflet dans le miroir me faisait pleurer.

Je me sentais vide et abattue, je me mettais à pleurer à n'importe quel moment.

Quand Jess me demandait pourquoi je pleurais, je répondais que je ne savais pas. Mais je savais…

Pendant l'été 2020, j'ai commencé timidement à mettre du vernis à ongles, la première fois sous forme de jeu. J'ai aussi amorcé le changement de ma garde-robe pour des vêtements plus colorés.

J'ai affronté les premiers regards, avec crainte. Mais contre toute attente, que ce soit au travail ou dans la rue, les gens trouvaient ça chouette et intrigant et j'avais plein de retours positifs.

Jess me disait encore « tu vas devenir une femme ». J'aurais tellement voulu trouver la force de répondre que j'en étais une depuis toujours. Mais je me disais que si j'admettais ça c'était aussi admettre que je lui avais caché mon plus lourd secret et ma plus grande douleur pendant toutes ses années. J'ai énormément de regrets de ne lui avoir jamais parlé de ça avant, car je sais aujourd'hui que cela n'aurait pas changé notre amour et qu'elle m'aurait soutenue comme elle l'a toujours fait pour tout depuis que nous sommes ensemble. Mais on ne revient pas sur le passé.

Dans les premiers temps je portais des shorts courts et même des jupes en alliant style masculin et féminin.

D'abord à la maison et ensuite petit à petit à l'extérieure.

J'ai même osé le changement sur mon lieu de travail.

Je commençais, pendant ces courts moments à me sentir vivante et plus libre, malgré une apparence encore trop masculine.

Plus les jours passaient, plus je perdais le contrôle sur ma dysphorie qui devenait de plus en plus importante.

J'avais besoin de comprendre, de mettre des mots sur ce que je vivais depuis si longtemps.

Je voulais en connaître la raison.

Alors je me suis mise à chercher sur Internet.

Mes recherches m'ont orientée vers un centre d'aide aux personnes transgenres, qui se trouve à quelques kilomètres de chez moi. Suite à une conversation téléphonique avec une personne de ce centre, j'ai pris rendez-vous chez l'endocrinologue spécialisé. Il m'a écoutée et m'a expliqué que j'allais devoir rencontrer un psychologue. Ce que j'ai fait. Je voulais avoir des réponses et j'en ai eu.

Après avoir fait un bilan sanguin et une évaluation de ma santé physique et mentale, j'ai de nouveau eu rendez-vous avec l'endocrinologue. Il m'a expliqué que j'avais de gènes de genre masculin, mais des gènes d'identité féminins.

En un langage plus simple, j'ai un cerveau féminisé dans un corps masculin.

Ma première réaction a été de lui demander « comment me soigner ? »

Il m'a clairement dit qu'on soignait des maladies, mais que la dysphorie n'en est pas une. Il s'agit d'un syndrome génétique.

C’est un dérèglement in utero qui arrive au moment où le cerveau doit se féminiser ou se masculiniser en fonction du genre assigné.

Dans mon cas le cerveau aurait dû se masculiniser puisque mon corps était masculin, mais celui-ci a choisi le chemin opposé suite à une mauvaise distribution d’hormones prénatales.

Explications scientifiques https://fr.wikipedia.org/wiki/Causes_de_la_transidentit%C3%A9 (VOIR QR sur la page suivante).

Lorsque je lui ai demandé ce que je pouvais faire, il m’a répondu « soit vous restez enfermée dans votre secret et ça finira probablement par vous conduire à commettre l’irréparable, soit vous vivez votre vie et découvrez le bonheur d’être vous-même ».

Il m’a donc prescrit un traitement hormonal et des bloqueurs de testostérone.

Le choix était maintenant entre mes mains.

En sortant de chez lui, je suis passée à la pharmacie chercher le traitement.

J’ai donc à mon retour à la maison expliqué à Jess ce qu’il m’avait dit.

Elle n’a évidemment pas manqué de me rappeler qu’elle me répétait depuis longtemps que je finirais par devenir femme. Je ne pouvais plus nier l'évidence, elle avait raison, comme souvent.

Suite à ça elle a fait preuve d'une empathie exceptionnelle et a petit à petit, accepté que je m'habille en vêtements féminins, que j'achète des chaussures féminines et que je commence à me maquiller.

Même si je n'avais pas explicitement dit à la femme de ma vie que je ne pouvais plus être un homme, elle l'avait bien compris.

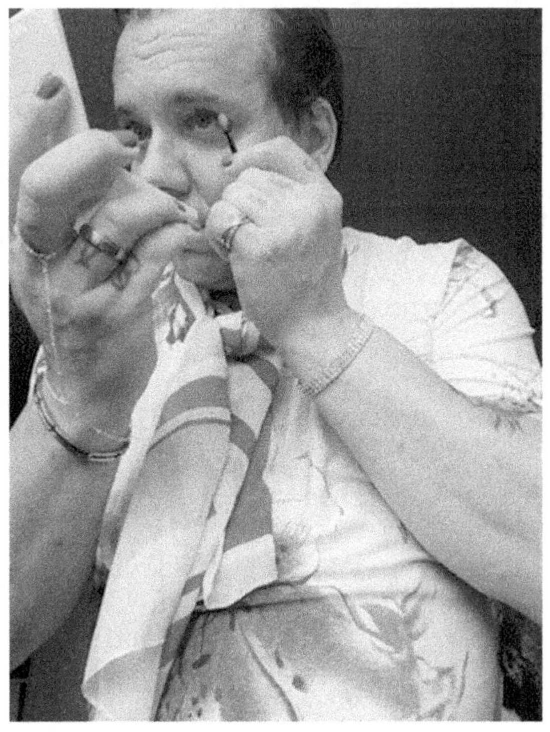

Début de ma transition (2021)

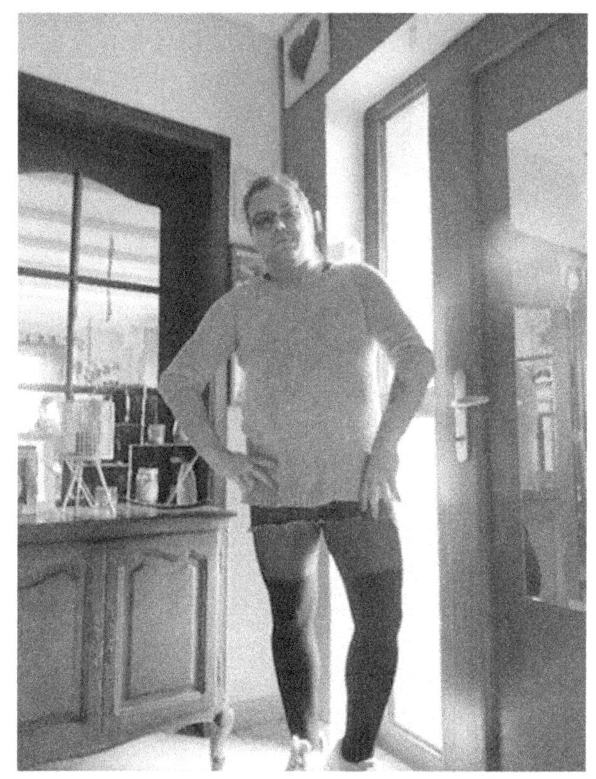

Une de mes premières tenues féminines (2021)

Cause de la transidentité WIKIPEDIA

Chapitre XI

Un moment très difficile

Après quelque temps, Jess m'a dit que si je devenais une femme ça pourrait mettre fin à notre relation, car elle ne le supporterait peut-être pas.

Elle a aussi ajouté que nous allions essayer encore et qu'on verrait ce que ça donnerait.

Pour moi, perdre mon âme sœur n'est pas une option alors je lui dis que je vais essayer de redevenir l'homme qu'elle a épousé.

Ce à quoi elle me rétorque qu'elle n'a pas demandé ça et que je dois juste lui laisser du temps.

Elle avait déjà compris que ce n'était plus possible pour moi de rester un homme, mais moi je pensais toujours avoir le choix.

Ce jour-là, j'ai commencé à mettre mes vêtements dans un sac en pensant que j'allais les jeter et que tout rentrerait dans l'ordre.

Mais il m'a fallu moins de 10 secondes pour exploser en sanglots, comme si, après être sortie de prison après des années, j'y retournais.

Lorsque j'ai voulu descendre mon premier sac de vêtements au garage, je voyais à peine ou je mettais les pieds tellement mes yeux étaient remplis de larmes. Mon fils, le plus grand, est venu et m'a pris dans ses bras pour me consoler.

J'ai quand même fini par mettre tout dans des sacs malgré la difficulté.

J'ai ensuite été m'asseoir dans le divan et j'ai eu une impression d'être enfermée et privée d'oxygène et surtout, vide de toute force, mon envie de vivre et de continuer se réduisait de minute en minute.

Jess m'a dit qu'elle n'avait pas demandé que je renonce à qui j'étais, mais moi j'étais perdue et c'était la confusion totale dans mon esprit.

Le lendemain je suis partie en moto, alors que je savais très bien que rouler en moto lorsqu'on est triste ce n'est pas une bonne idée.

J'avais prétexté avoir envie de faire un tour, mais je voulais mettre fin à toute cette souffrance et partir sans dire adieu.

J'ai donc enfourché ma monture et pour la première fois de ma vie j'ai pleuré en roulant.

J'ai commencé à rouler de plus en plus vite et à prendre de plus en plus de risques.

D'habitude je roulais prudemment, par peur de me faire mal ou d'avoir un accident. Mais ce jour-là c'était différent, aucune peur, aucune envie de rester en vie.

Dans un long virage j'ai tiré la poignée de gaz en me disant, « c'est maintenant ».

Au milieu du virage j'ai fait une sortie de route dans l'herbe, mais ce que j'espérais ne s'est pas passé comme prévu.

On a beau vouloir mourir, le réflexe de survie est bien présent et la peur fait vite son retour, du coup j'ai tenté de maîtriser ma moto et c'était franchement bien engagé pour quand même finir dans le mur d'une des maisons qui se trouvaient là à moins de 5 mètres de moi.

Je ne sais quel miracle ou quel ange m'a rattrapée ce jour-là, mais toujours est-il que je me suis arrêtée sans rien toucher.

La peur a fait place à la réflexion, « Tu as une femme et des enfants qui t'attendent et ont besoin de toi ».

Alors je suis rentrée chez moi dans le calme. Sans rien dire à personne et sans parler de cet épisode peu glorieux.

Moi (2022)

Jess a vu que je n'étais pas bien et m'a rappelé qu'elle n'avait jamais demandé que je bouge mes affaires de ma garde-robe.

Nous avons discuté longuement ce soir-là.

Ce changement est difficile pour elle, mais indispensable pour moi.

J'avais le risque de la perdre, mais si je ne l'avais pas fait, je me serais perdue moi-même et j'aurais sûrement fini par mettre fin à mes jours.

Chapitre XII

J'assume et je vis

On peut essayer de vivre en faisant semblant ou décider de se battre pour réaliser ses rêves et changer sa vie.

Le lendemain, j'ai donc été dans le garage rechercher mes sacs de vêtements et j'ai tout remis en place.

Pour moi, une nouvelle libération.

À partir de là, je m'habille de façon plus féminine.

Comme mes cheveux poussaient trop lentement, j'ai acheté une prothèse capillaire pour remédier à ce souci.

Petit à petit Jess a commencé à m'aider à me maquiller convenablement.

Elle m'a guidée pour étoffer ma garde-robe en choisissant avec moi mes nouveaux vêtements, mes nouvelles chaussures.

Elle m'a corrigé quant à mon comportement et m'apprenant à me décontracter, avoir une démarche féminine et ne plus bomber le torse.

Malgré que ça a été perturbant et difficile pour elle, elle m'a soutenue et me soutient encore chaque jour.

Je me souviendrai toujours d'une phrase que Jess m'a dite, phrase qui a réchauffé mon cœur et est arrivée à mes oreilles comme un cadeau. « Mon Cœur, tu deviens une femme, il va te falloir un prénom féminin ».

Je lui laisse choisir, parce que ce prénom doit lui plaire et que je lui fais entièrement confiance pour trouver ce qui m'ira le mieux.

Elle choisit Tonya.

Choix vraiment parfait, proche de mon deadname (Anthony), mais c'est bien plus que ça. Tonya vient du grec « Anthonomos » qui veut dire « qui se nourrit de fleurs » donc ça colle bien avec moi et c'est un prénom rare.

Les enfants ont commencé à se poser des questions.

J'ai dû leur expliquer que petit à petit, papa allait changer, devenir une femme et que c'était un besoin vital.

Au début Flora (8 ans) et Kylian (11 ans) trouvaient ça très drôle « papa met des robes » pour eux c'était un jeu.

La plus grande, Océane (19 ans) n'a émis aucun jugement, elle validait même plutôt la démarche.

Nolan (17 ans), Arwen (16 ans), Norah (15 ans) et Kayline (10 ans) ont eu tous les 4 plus difficile.

Ils m'ont demandé de ne pas trop laisser apparaître mon apparence féminine au début quand j'allais à l'école aux réunions et lorsque leurs amis venaient à la maison.

Je comprenais leur demande et je savais que je devais leur laisser du temps pour s'adapter.

Cela dit, je pensais que ça prendrait beaucoup plus de temps.

Nolan a été le premier des 4 à me dire qu'il s'était fait à l'idée et que si j'étais mieux comme ça, alors c'était ok pour lui.

Ensuite Kayline m'a posé les questions qui l'inquiétaient, elle avait peur que je ne sois plus son papa et que je ne la protège plus ou que je l'abandonne.

Je lui ai donc expliqué que quoi qu'il arrive, jamais je n'abandonnerais aucun de mes enfants et que je serai toujours là pour eux.

Elle m'a donc dit à son tour que l'important était que je me sente bien.

Elle a choisi de m'appeler Mapa, surnom qu'elle trouvait plus approprié à la situation. Elle a vraiment fait preuve d'une grande maturité pour son jeune âge et je dois avouer que cette démarche m'a vraiment touchée.

Peu de temps après, Arwen et Norah ont suivi leur cœur et ont accepté mon changement.

Elles ont même validé le fait de les accompagner à l'école apprêtée. Elles en ont parlé à leurs copines et à leurs professeurs.

Quant à Kylian et Flora, ils ont vite compris que ce n'était pas un jeu et j'ai pris le temps de parler avec eux afin de les rassurer.

Kylian me disait au début qu'il préférait mon apparence physique d'avant, mais que depuis que j'ai changé je suis beaucoup plus câline et que je partage beaucoup plus mes sentiments qu'avant, alors il dit qu'au final, c'est mieux.

C'est vrai qu'il y a des choses que je ne m'autorisais pas avant, comme prendre mes enfants dans mes bras, jouer avec eux ou leur dire « je t'aime ». Inconsciemment je faisais les mêmes erreurs que mon père avait fait avec moi.

Maintenant que je suis enfin moi-même, je peux montrer mes sentiments, car ils ne m'apparaissent plus comme une faiblesse.

À partir de ce moment où mes enfants sont rassurés, acceptent la situation et savent que cela ne changera rien au fait que je les aime, je peux continuer à avancer sereinement.

Je mettais déjà des photos sur Facebook, mais beaucoup de personnes pensaient que c'était un jeu où que je faisais ça pour jouer la provocation.

Au début je ne disais rien, car je n'étais pas encore prête à l'annoncer officiellement.

Les mois passent, mon traitement hormonal commence à faire son effet, ma poitrine commence à pousser, ma pilosité est beaucoup moins dense, je n'ai plus une transpiration masculine odorante, ma masse musculaire commence à se réduire.

Moi en février 2022

Chapitre XIII

Le grand jour

Le 13 mars 2021, j'ai décidé de poster sur Facebook mon premier message explicite. Le voici.

> Tonya Stv
>
> *Partagé avec vos amis*
>
> Certains ne comprennent pas…
>
> Certains n'acceptent pas…
>
> Vous demandez pourquoi… comment ?
>
> C'est comme ça, c'est la nature.
>
> Ce n'est pas un caprice, mais un besoin.
>
> Vous avez besoin de respirer, moi j'ai besoin de renaître.
>
> Vous vous posez des questions sur notre sexualité, sur notre avenir.
>
> Nous on sait qu'on s'aime… qu'on a des projets… et pour notre façon de faire au lit… ne vous en inquiétez pas… pas

besoin de cet organe dont vous les hommes êtes si fiers pour s'épanouir sexuellement.

Oui j'ai une femme exceptionnelle.

Oui notre Amour est énorme.

Notre histoire peu commune.

Le papillon doit sortir de sa chrysalide pour survivre… moi c'est pareil… dans ce corps que la nature m'a donné, je souffre, comme dans une étroite prison.

Pour vous, je vis comme ça depuis 40 ans… pour moi je mourrais lentement en silence dans ce corps.

Alors dites-vous bien que l'amour de ma vie et moi allons surpasser tout ça… et qu'on compte finir notre vie ensemble.

Et, quelle que soit votre position sur ma transition, ça ne changera rien.

J'ai souvent pleuré d'être dans le mauvais corps… et ça m'arrive encore chaque jour, mais ne vous dérangez pas je continuerais à vous cacher mes larmes.

Et toi mon amour…

Merci d'être là, merci de m'aimer.

Merci de m'avoir donné la force d'enfin assumer.

Merci de m'avoir donné confiance en moi.

Merci de ce soutien indéfectible que tu m'apportes chaque seconde.

Merci de m'apprendre à être belle… à être celle.

Merci de me consoler chaque jour.

Tu es mon ange gardien, ma reine, mon soleil.

Je serais toujours là pour toi comme tu l'es pour moi.

Je ne demande pas à qui que ce soit d'approuver ou de comprendre… mais juste de nous laisser vivre.

Beaucoup de personnes de mon entourage ont compris et ont soutenu ma démarche, d'autres n'ont rien dit, et les plus petits esprits se sont moqués.

Quelques jours plus tard, à la sortie du lit, j'ai senti le besoin d'écrire à nouveau, comme si une force me disait « allais vas-y c'est le moment ».

Alors j'ouvre Facebook à nouveau et j'écris…

Tonya Stv

Partagé avec vos amis

Il y a 40 tu viens au monde… « c'est un garçon ! »

Le premier jour de ta vie, tu respires à peine et déjà tu es en prison.

Le temps passe « tu seras un homme mon fils ».

Ta famille et tes amis veulent que tu sois un homme, un vrai.

Alors la petite fille reste dans l'ombre et le silence.

Que ce soit la brasse, le crawl ou le papillon, toutes les solutions sont bonnes pour garder la tête hors de l'eau. Tout le monde croit que tu nages parfaitement, mais en fait, toi tu luttes pour ne pas te noyer.

Ensuite, tu deviens ado et pour faire comme faire tous les garçons tu te mets à la baston.

De toute façon tes potes te le disent « ceux qui ne se battent pas c'est des pédés ».

Toi tu n'es pas prêt à subir les insultes et la méchanceté, alors tu suis le mouvement.

Tu fais le dur, tu es dans un engrenage qui empire ton état d'esprit, mais qui fait parfaite illusion aux yeux des autres.

Les autres te voient respirer, mais en fait tu étouffes de l'intérieur.

Tu es colérique voir hystérique parce qu'il y a ce mal être trop présent.

Pour être un homme, il faut avoir de la virilité, il faut transpirer et avoir les mains pleines de cambouis.

Mais toi ce que tu veux c'est porter des jupes, des talons aiguilles et du vernis.

Alors un jour tu annonces ça à tes amis à ta famille, que tu vas changer.

Tu ne raseras plus ton crâne, mais bien ton corps et tu vas laisser pousser tes cheveux.

Ça secoue tout le monde c'est bien normal.

On ne s'attendait pas à ce que le bonhomme soit une femme à l'intérieur.

Dans ta famille et tes amis y en a qui vont te soutenir il y en a qui en riront et puis y a même ceux qui vont t'abandonner et faire comme si t'avais jamais existé.

Tu sais, moi je n'ai jamais commis de crime et pourtant j'ai fait quarante ans de prison. Quarante ans dans un corps, enfermée à étouffer et à pleurer en silence.

La seule personne que j'ai maltraitée durant tout ce temps c'est moi.

Alors maintenant je dis merde à ceux qui vont me tourner le dos.

Je dis merde à ceux qui ont jugé et à ceux qui le feront encore.

J'aime ma femme et mes enfants, je continuerai à les aimer autant qu'ils m'aiment chaque jour.

Et si je peux vous raconter tout ça aujourd'hui, c'est parce que la petite fille qui était en moi a fini par parler et va se montrer.

J'ai beaucoup changé, je porte des jupes, des talons, du vernis et ma femme m'a même appris à me maquiller.

Il y a encore les opérations et du chemin, qui va être long, mais je suis prête.

Je reste la même personne, sauf que maintenant je suis bien mieux dans ma peau et dans ma tête.

Ma femme me dit que je suis apaisée, épanouie et heureuse, elle a tellement raison.

J'espère que cette histoire qui est la mienne pourra permettre à tout le monde de mieux comprendre la difficulté que peut rencontrer quelqu'un qui a une dysphorie de genre, quelqu'un qui vit la transidentité.

Anthony est maintenant dans l'ombre de Tonya.

Tonya est née, et la vie, elle compte bien en profiter.

Ceux qui ne sont pas en parfait accord avec qui je suis aujourd'hui peuvent cliquer sur supprimer !

Ce n'est que longtemps après, en relisant la publication, pendant l'écriture de ce livre qui est entre vos mains, que je me suis rendu compte de la date à laquelle j'ai posté ce message, le 1er avril 2021, le jour de l'anniversaire du décès de mon père, alors je me dis que c'est peut-être lui, cette force qui m'a poussée à écrire ce jour-là.

J'ai eu des messages de soutien, des encouragements.

J'ai aussi eu une grosse déception. Mon « meilleur ami », celui avec qui j'ai traversé la quasi-totalité de ma vie, celui que j'ai soutenu dans les pires moments de la sienne, celui à qui je donnais mon amitié, mon aide et mon temps sans compter, qui, après 32 ans, me prévient qu'il me supprime de ses amis, car il n'est pas d'accord avec qui je deviens et qu'il n'acceptera jamais ça.

Il m'écrit que je peux encore aller chez lui, mais en respectant son choix et en ayant aucune apparence féminine.

Moi je dois respecter son choix qui est un caprice, mais lui ne doit pas respecter le mien qui est un besoin vital ? Quelle belle vision de l'amitié !

Jess m'a après coup, confié que sa femme que je considérais aussi comme amie lui avait dit qu'il serait préférable pour tout le monde que je me tue en moto, pour le bien de ma famille.

J'ai eu beaucoup de peine au début, mais ça s'est vite transformé en ignorance.

Je me suis rendu compte que si j'avais fait ce coming-out plus tôt, je n'aurais pas été rejetée de tous, et ça aurait juste éliminé les personnes toxiques.

Je n'aurais pas pu le deviner.

Quand j'y repense, mes parents avaient appris lors d'une conversation il y a quelques années que j'avais eu des relations homosexuelles durant ma jeunesse, et jamais ils ne m'ont jugée.

Pareil pour pas mal de mes amis.

Je n'ai pas trop de regrets d'avoir attendu si longtemps, parce qu'il est vrai que même si ma transition aurait été plus simple sur l'aspect physique, le fait de l'avoir faite plutôt ne m'aurait pas permis d'avoir à mes côtés la femme exceptionnelle qui est la mienne et mes merveilleux enfants que je vois grandir chaque jour.

Je me dis simplement que je l'ai fait au moment que la vie avait décidé être le bon.

Après cette annonce publique, tout le monde a bien compris que ce n'était pas un jeu.

Malgré toutes les difficultés, Tonya est arrivée à se montrer et jamais plus elle ne se cachera.

J'ai réalisé que je ne suis une insulte pour personne et que je n'ai plus envie d'avoir peur de vivre qui je suis. Je n'ai pas à m'excuser d'être qui je suis et je n'ai à demander la permission à personne.

Au moins maintenant je ne pleure plus tous les soirs quand je m'endors.

Il m'arrive encore de pleurer bien sûr, mais plus pour les mêmes raisons, et surtout, plus aussi souvent.

De plus, quand je suis triste, je n'ai plus à le cacher et Jess me soutient et trouve toujours les mots qu'il faut.

Chapitre XIV

Je suis sortie de l'ombre d'Anthony

Ma garde-robe est uniquement remplie de vêtements féminins, tout le reste a été enlevé.

Plus aucun jour, je ne sors sans être apprêtée et maquillée. Je soigne mon apparence comme jamais je ne le faisais au paravent, je peux enfin me regarder dans le miroir en souriant et je suis fière de mon apparence qui prend forme.

Avant je ne faisais que rarement des photos de moi, parce que ce que je voyais apparaître ne me correspondait pas, mais maintenant, je me rattrape, je suis une vraie « selfie addict ».

J'essaye d'être belle et sexy sans être vulgaire.

Les papiers pour le changement d'identité sont rentrés et j'attends avec impatience d'être reconnue comme femme aux yeux de la loi.

Il faut donc choisir les prénoms.

Pour le premier prénom Jess a déjà brillamment choisi, Tonya comme je vous l'ai expliqué.

Je choisis le second, Rose, choix logique puisque ce mot réuni à la fois la fleur et la couleur que je préfère.

Jess propose un troisième prénom que j'adopte tout de suite. Un prénom qu'elle aime beaucoup depuis longtemps, mais qui, en plus dans le cas présent, est significatif, IRIS, c'est une fleur dont la couleur la plus courante est le mauve, qui n'est autre que la couleur préférée de Jess.

Voilà donc Tonya Rose Iris Stenvot inscrite au registre nationale belge.

C'est pour moi une joie indescriptible qui a envahi tout mon être lorsque j'ai reçu ma nouvelle carte d'identité.

C'est officiel, J'EXISTE !

La transition ne fait que commencer, il va y avoir les opérations, lourdes et douloureuses, mais je n'ai plus de temps. La vie est si courte et je ne veux pas mourir dans ce corps d'homme que je ne supporte plus et qui m'a tant fait pleurer.

La première intervention le 27 avril 2022 concerne un point essentiel à l'apparence d'une belle femme soignée. Il s'agit d'une intervention visant à améliorer ma dentition et à l'embellir parce que de ce côté-là ce n'était pas terrible.

Ensuite, le 13 juin 2022, la poitrine. Je passe du petit bonnet A que les hormones avaient fait apparaître à un bonnet C. Une marque importante de la féminité et quelque chose dont je rêvais depuis des années en secret.

Cette opération n'a pas été sans douleur.

La construction mammaire quand on part d'une base aussi petite que A pour arriver à du C fait très mal, mais, j'ai tellement eu de satisfaction que le côté négatif ne comptait pas.

Jess n'était pas en accord avec ma décision de faire cette opération, aussi rapidement.

C'est difficile pour elle de voir que l'homme qu'elle a épousé est tant aimé devenait une femme.

Pourtant son amour indéfectible pour la personne que je suis lui a permis de trouver la force de me tenir la main, avant et après l'intervention. Elle m'a soutenue tout le long, et a même veillé pendant ma convalescence à ce que je ne fasse pas des mouvements qui pourraient nuire au développement de ma poitrine « ne fais pas ci, ne fais pas ça ». Heureusement qu'elle a de la patience.

Pouvoir mettre de la belle lingerie, pouvoir mettre des décolletés et même me rendre compte que les hommes regardent tellement peu une femme dans les yeux qu'ils pourraient se trébucher pour une jolie poitrine partiellement visible.

Ça m'a permis de me sentir femme et même quelques fois désirée.

La troisième intervention le 20 juillet 2022, alors que j'étais toujours en convalescence pour la poitrine. Je subis une orchidectomie, opération qui est ma première étape dans le changement génital. Actuellement les douleurs les plus importantes que j'aie jamais connues de ma vie.

J'ai pleuré pendant des jours entiers à grosses larmes.

Il y avait les pansements que Jess devait me changer chaque jour et la douleur de la poitrine toujours bien présente.

Une semaine où, marcher, aller à la toilette, éternué et toutes autres activités me rappelaient ce que venait de subir mon corps.

Malgré les torrents qui coulaient sur mes joues, pas le moindre regret ni doute, j'ai fait le bon choix.

Un tout petit bout de chemin effectué, mais qui me donne tellement d'espoir et de bonheur.

Des moments que seule une personne qui les vit peut comprendre.

J'ai une voix bien masculine et une façon de parler qui n'a ni le charme ni la douceur féminine. Ça ressemble plus à un grognement d'ours qu'à autre chose.

Les hormones changent beaucoup de choses à un tas de niveaux, mais contrairement au processus FTM (female to male) dans lequel la testostérone active une mue vocale, dans le processus MTF (male to female) la suppression de cette hormone et son remplacement par les œstrogènes et la progestérone n'ont aucun effet sur la voix. Il n'est pas possible d'annuler les effets de la mue.

Il me fallait pourtant y remédier.

Je ne savais évidemment pas quelles étaient les possibilités, mais comme je suis bien suivie et conseillée via le centre d'aide aux personnes transgenres, je suis orientée vers une phoniatre pour un premier bilan vocal et une explication complète de ce qu'il allait falloir faire.

Deux possibilités s'offraient à moi, dont une plus prudente que l'autre.

La première est la rééducation vocale qui porte généralement ses fruits après plusieurs mois, mais demande du travail, de la rigueur et des exercices quotidiens.

La seconde est l'opération des cordes vocales qui est douloureuse, mais plus rapide, dans le cas où tout se passe bien. Elle peut aussi donner un résultat inverse ou conduire à un mutisme irréversible.

J'ai opté pour la solution raisonnable dans un premier temps et commencé la logopédie afin d'adoucir ma façon de parler, d'améliorer ma respiration, mon articulation verbale et de faire travailler mon larynx différemment pour aboutir à une voix plus féminine et plus douce.

Après 4 mois de logopédie, j'ai voulu refaire un bilan vocal parce qu'il me semblait que rien n'avait changé, et ce malgré que tout le monde me disait que ma façon de parler devenait féminine.

Je pensais de plus en plus tenter le passage par la chirurgie.

Alors, la logopède m'a enregistré lorsque je lisais un texte comme nous l'avions fait auparavant, lors de ma première séance. Ensuite elle m'a fait écouter les deux enregistrements afin de comparer.

Je fus agréablement surprise d'entendre une telle différence.

Tant de changement que ça donne l'impression que ce n'est pas la même personne qui lit ce texte.

Donc je continue les séances et les exercices. La méthode Astudillo me semble efficace.

Je n'ai à l'heure actuelle pas encore atteint mon objectif, mais il y a déjà une nette amélioration.

Je n'exclus pas complètement l'opération dans l'avenir.

Du côté hormonale, depuis l'orchidectomie, les hormones ont un effet plus fort, ce qui est normal puisque mon corps ne produit plus de testostérone.

Mon visage s'est affiné et a beaucoup changé.

Mes muscles ont perdu beaucoup en volume et en force. D'ailleurs ce qui me semblait si léger avant me semble bien plus lourd maintenant.

J'ai également aussi découvert ce que c'est d'avoir froid. Moi qui me promenais en short et t-shirt en hiver par 2°... Bah ça c'est fini !

Quand la température descend sous les 10°, la petite Tonya court vite chercher son pyjama en pilou et sa couverture.

Moi qui répétais souvent avec humour « le froid n'est qu'une information » aux personnes qui disaient avoir froid, me rends bien compte aujourd'hui que c'est une info qui circule bien dans mon corps.

Mes goûts en matière de nourriture ont changé.

Il y a pas mal de choses que je ne mangeais pas avant que j'adore maintenant. Beaucoup de légumes, mais aussi je mange plus épicé qu'avant et j'aime les chiques sûres qui me faisaient tant grimacé.

Mes émotions tant positives que négatives sont bien plus intenses.

Je ne m'énerve quasiment plus, je suis beaucoup plus posée et beaucoup plus douce, mais à l'envers du décor ma tristesse arrive plus vite et mes chagrins sont plus gros.

Des choses qui ne m'effleuraient pas avant peuvent maintenant me faire pleurer sur quelques secondes.

Il est plus difficile à bien des points d'être une femme qu'un homme, il me faut le reconnaître.

Pourtant, je n'éprouve toujours pas le moindre regret.

Une chose très importante qui a aussi beaucoup changé en moi, c'est la sensibilité de mon corps, de ma peau. Les caresses que je reçois sont 1000 fois plus douces qu'au paravent. Mes orgasmes sont incomparables et extrêmement plus longs que lorsque j'étais « homme ».

Le seul changement vraiment désagréable que j'ai ressenti jusqu'à présent est la perception du danger. Avant je montais sur des échelles ou des toits sans la moindre crainte. Je pouvais même me pencher au-dessus du vide.

J'ai découvert il y a peu, en montant sur une échelle pour nettoyer une vitre qui se trouvait à peine à 2,50 m que je n'osais pas lâcher cette échelle, et que j'avais tellement peur que j'en avais des crampes au ventre.

Dans l'ensemble, les hormones font des miracles.

Les 3 interventions sous anesthésies générales et le chamboulement hormonal font que je suis très fatiguée et qu'il me faut du temps pour m'en remettre.

Mais je sais que j'ai fait le bon choix.

Et puis je dois avouer que je suis bien soutenue par mon soleil, mon épouse adorée qui est là pour moi chaque minute.

Lentement j'arrive vers la meilleure version de moi-même.

Je commence à m'aimer.

J'ai bien évidemment encore des choses à apprendre, dans cette nouvelle vie d'après transition, mais je suis prête et impatiente de me découvrir.

Moi (février 2022)

Chapitre XV
Maman

Je n'ai pas toujours été une enfant parfaite.

Dans ma période rebelle, que je regrette, je me suis énervée sur elle sans raison, je lui ai manqué de respect et je l'ai même insultée des dizaines de fois. Pourtant, pas un instant, elle ne m'a tourné le dos. Pas un instant elle n'a cessé de m'aimer et de me faire comprendre que je comptais pour elle.

Je n'étais pas très présente pour elle. En tout cas j'étais bien moins là pour elle, qu'elle l'a été pour moi. On se voyait de temps en temps.

Quand mon père est décédé en 2020, je me suis rendu compte à quel point il est important de montrer à ses parents combien on les aime.

Vivre sa vie comme si on n'avait pas besoin d'eux ne fait que laisser des regrets et du chagrin quand ils ne sont plus là.

De plus, pour un parent, avoir de la distance avec ses enfants est une souffrance énorme.

Je pense que la vie en général, mais aussi mon père, et moi-même avons assez apporté de difficultés et de mauvais moments auprès de celle qui n'a donné la vie.

Ça fait 3 ans maintenant que je me rapproche d'elle.

Je ne rattraperais jamais le temps perdu c'est sûr, mais je n'en perdrais pas plus.

Je n'ose imaginer quel choc ça a dû être pour elle d'apprendre que j'avais été mal autant d'années sans rien lui dire. Tout comme voir s'effacer le petit garçon qu'elle a mis au monde pour faire place à Tonya.

Pourtant, pas une fois elle n'a émis une critique négative, pas une fois elle ne m'a dit « ne fais pas ça ».

Je crois qu'elle a de suite, vu que ma détresse était bien réelle.

Je suis certaine que, même si elle ne me l'a pas dit, ma transition a dû lui faire verser des larmes.

Mais son amour est tellement plus fort que ça.

Elle me soutient, me prénomme Tonya et me genre en « elle ».

Je pense même qu'elle pourrait se disputer avec qui conque oserait me critiquer ou dire que je suis un homme.

Quel Bonheur j'ai ressenti à ce Noël 2022, la première fois qu'elle m'a dit « Joyeux Noël, ma fille ».

C'est le plus beau cadeau qu'elle m'ait jamais fait.

Cette phrase m'a apporté beaucoup d'émotions positives.

Je sais qu'un jour je devrais continuer sans elle, mais je n'y suis pas prête.

Alors tant que la vie la laissera à mes côtés, je passerais le plus de temps possible avec elle et je veillerais sur elle comme elle l'a toujours fait pour moi.

Chapitre XVI
Première blessure d'un comportement transphobe

Je m'attendais un peu à ce que ça arrive à un moment bien que je le redoutais…

Jess et moi travaillions toutes les deux dans un centre récréatif des Ardennes et tout se passe très bien.

Je suis acceptée par chacune de mes collègues sans le moindre souci.

Comme notre emploi ne nous rapportait pas suffisamment pour assumer le coût de la vie augmentant sans cesse, nous décidions donc de commencer un second emploi pour une autre entreprise qui a le même genre d'activité.

Je fais donc une première journée sur ce nouveau lieu de travail. La première journée, avec une jeune fille (Valentine, 22 ans) et une chef, plus âgée (50 ans).

Cette journée se passe très bien et elles me disent toutes les deux être très contentes de mon travail.

Le lendemain lors de mon arrivée sur place, ma collègue Valentine m'avertit qu'après mon départ, la chef est allée à l'agence d'intérim pour dire que mon travail était très bien, mais que le fait que j'étais une personne transgenre allait nuire à l'image de l'entreprise et faire peur aux enfants.

Valentine n'étant pas d'accord avec le comportement de la chef a de suite averti la direction.

Avant j'aurais réagi de façon agressive, mais là, à ma grande surprise, je n'ai su que rester silencieuse, me retourner et fondre en larmes.

Valentine m'a ramenée à la raison et face à mon chagrin a pris ma défense en expliquant à la chef que je travaillais avec des enfants à mon premier emploi et que ça n'avait jamais posé le moindre souci.

J'ai, malgré la tristesse qui m'envahissait, travaillé avec ma collègue. Cette journée a été pénible, je l'ai passée en pleurant.

À ma demande, la chef, elle a tenu ses distances avec moi ce jour-là.

Suite à ça, un des membres de la direction est venu de Hollande pour évaluer la situation. Il a pris ma défense expliquer à la chef d'équipe que la transphobie n'était pas dans les valeurs de l'entreprise et que j'avais tout à fait ma place là-bas.

Tous les autres collègues étaient de mon côté.

Le manager de l'entreprise et le chef des moniteurs ont précisé que si un enfant, un adolescent ou même un client adulte faisait une réflexion ou se moquait ce serait à lui de rendre des comptes, car à notre époque la transphobie n'avait pas sa place dans la société.

La chef avait quant à elle, d'après ses dires, réfléchit durant la nuit et s'excusait auprès de moi d'avoir commis une telle erreur de m'avoir jugée sans me connaître et sans rien savoir des personnes transgenres.

Elle m'a donc demandé de lui donner une chance et de continuer à travailler avec elle.

Je ne la croyais pas sincère du tout et je pensais qu'elle disait ça pour sauver sa place.

J'aurais pu partir, du fait que j'étais blessée, mais Jess qui m'assistait dans ce moment difficile m'a dit que si je partais c'était comme reconnaître que le chef avait raison et lui donner satisfaction. « Si tu laisses tomber, tu le regretteras ».

Alors je suis restée.

De plus, j'ai vu là une occasion d'apprendre à cette dame qu'une personne transgenre n'est rien de moins qu'une autre.

J'ai l'intime conviction que la gentillesse appelle souvent à la gentillesse.

Valentine n'a pas souhaité continuer à travailler là-bas, car elle ne voulait plus travailler avec une chef en qui elle n'avait plus confiance. Ce que je peux comprendre.

Valentine et moi avons néanmoins gardé contact, et cette ex-collègue est devenue une amie.

Il y a maintenant plusieurs mois que je travaille là-bas et tout le monde est super avec moi.

Par la suite ma chef m'a bien étonnée, car j'ai pu me rendre compte qu'elle était sincère.

Depuis, nous nous entendons très bien et elle m'a fait à plusieurs reprises, des excuses concernant le début de notre collaboration.

Elle a appris à me connaître et a vu à quel point j'étais « comme toutes les autres femmes ».

Jess et moi travaillons là-bas le cœur léger.

Ma chef me confie régulièrement la responsabilité du site sur lequel je travaille.

J'estime donc avoir réussi à rendre cette personne meilleure.

Cet épisode n'est évidemment pas resté sans conséquences.

J'ai commencé à me poser des questions sur mon apparence.

Dans ce moment de doute, je me suis dit qu'il serait peut-être préférable que je cesse de travailler et que je reste enfermée quelques mois, le temps que ma transition soit complètement terminée et que les opérations de mon visage soient faites.

Encore une fois, Jess m'a relevée et a fait tout pour me rendre confiance en moi.

J'ai donc continué à sortir et à vivre le plus normalement possible, mais ce n'était pas sans difficulté.

Dans les magasins je regardais sans cesse les réactions des gens afin de voir comment ils réagissaient en me voyant.

À l'affût d'un regard ou d'un murmure, avec une boule au ventre et une peur d'être jugée.

Comme si j'étais coupable d'être là, coupable d'exister au point de me demander si je n'étais pas une tache dans le décor.

Ce qui était encore plus difficile pour moi c'est que même au début de ma transition je ne ressentais pas ça. Alors pourquoi maintenant ?

Pourquoi mon bonheur d'être moi est-il obscurci par ces pensées négatives ?

C'est bien la preuve que quelques mots peuvent déstabiliser chacun et chacune d'entre nous.

La carapace masculine que j'avais eue pendant toutes les années passées a bien disparu.

Je suis à présent fragile, le cœur à vif, avec une sensibilité que je ne pouvais pas imaginer au paravent. Me voilà démunie et incapable de me défendre face à des mots.

Dans ces moments où j'ai l'impression que je vais m'effondrer, mon soleil est à mes côtés et comme à chaque fois, comme à chaque faiblesse que j'ai pu avoir depuis que nous nous sommes rencontrées, elle me relève et m'encourage.

Sans elle, je n'aurais pas pu tenir le coup, je n'aurais pas pu assumer cette personne que je suis aujourd'hui et que je cachais au monde depuis toujours.

La gentillesse et la douceur ont pris place dans mon quotidien, mais aussi l'angoisse et la tristesse.

Il m'a fallu quelques mois pour arriver à moins me retourner et à moins guetter si on me regardait négativement ou me jugeait mal.

Chapitre XVII

Du soutien

Quelques semaines passent, je me sens mieux et partout où je vais, j'ai l'esprit libre et léger.

Enfin c'est ce que je pensais.

Un jour en faisant mes courses dans une grande surface, je croise deux dames et je les entends parler de moi, l'une demande à l'autre « C'est un homme ? » et son amie lui répond « Non, c'est sûrement une trans ». Je ne sens aucune hostilité dans leur conversation donc je ne réagis pas, mais c'est quand même blessant.

À ce moment je me dis qu'il serait peut-être bien d'informer les personnes qui ne savent pas. Même si au fond, je ne dois aucune explication à personne, il est possible que cela m'évitera d'entendre ce genre de chose ?

Même si la question n'a pas été posée dans un but malveillant, l'avoir entendue me fait clairement prendre conscience que mon apparence a encore besoin d'amélioration.

Je n'ai pas envie de souffrir de nouveau maintenant que je vais enfin mieux.

Alors je décide de poster sur le groupe Facebook de ma région le message suivant.

Tonya Rose Iris Stv

Partagé avec le groupe

Bonjour !

J'ai pu remarquer que certaines personnes me croisant, regardent et se posent la question… à savoir si je suis un homme ou une femme… j'ai même entendu une dame le demander à son amie.

Je suis une femme transgenre… en bref, je suis née dans le corps d'un homme et j'ai dû subir des interventions chirurgicales (et je dois encore en subir d'autres) aussi prendre des traitements hormonaux à vie pour être moi.

Je suis une femme, et ce même administrativement.

Les personnes censées comprendront.

Et je les remercie de me respecter en tant que telle.

Ça peut aussi faire rire quelques petits esprits qui ne sont pas suffisamment évolués pour comprendre, mais ce n'est pas grave. Ils sont probablement frustrés et malheureux dans leur vie.

Je vous souhaite une belle journée et que vos vies soient aussi remplies de bonheur que la mienne.

Tonya.

Résultat, plus de 900 likes et plus de 300 commentaires qui me réconfortent, me complimentent et me félicitent d'oser assumer face à un monde hostile.

Je ne m'attendais pas à tant de bienveillance.

Plusieurs personnes sont même venues me parler lorsque j'étais dans les magasins afin de sympathiser avec moi. Ça fait plaisir.

Quelle sensation agréable d'être vue aux yeux des personnes que l'on croise comme la femme que je suis réellement !

Quelques jours plus tard, j'ai été contactée par un journaliste de sudinfo.be (la Meuse). Pour ceux qui ne connaissent pas, il s'agit d'un média diffusé dans tout le pays et sur les réseaux sociaux.

Suite à ma publication et au nombre de réactions qu'elle avait provoquées, le journaliste me proposait de faire un témoignage à plus grande échelle.

J'ai vu là une possibilité d'ouvrir les esprits et de faire évoluer les mentalités.

« Si cet article peut aider dans la lutte contre la transphobie et l'homophobie, alors je dois le faire ».

Nous avons donc un entretien téléphonique afin de nous mettre d'accord sur le contenu à publier.

Le lendemain, j'étais dans le journal.

Moi qui pensais avoir un tout petit article, quelle fût ma surprise de voir que j'étais en couverture et que l'article complet prenait une page entière, illustrée en couleur.

Un article bien écrit et plutôt complet qui résumait bien mon histoire.

Les réactions sur les réseaux sociaux ont bien sûr été mitigées. Il y a eu ceux qui ne méritent pas la moindre attention parce qu'ils ne sont bons qu'à s'étendre en insultes et en commentaires haineux.

Il y a les personnes qui se posent des questions et qui m'ont contactée afin de me les poser. J'ai donc pu leur répondre. Certaines se demandaient comment ça s'était passé avec les enfants, d'autres m'ont demandé comment se passaient les choses quand on vivait une telle situation. Pas mal d'entre elles m'ont remerciée et m'ont dit qu'ils verraient à l'avenir les personnes transgenres avec un regard bienveillant, car ils comprenaient que ce n'était pas une déviance et surtout que c'était beaucoup de souffrance et de tristesse pour nous.

J'ai aussi eu des dizaines de personnes qui avaient besoin d'aide concernant des membres de leur famille ou des amis qui leur avaient parlé de leur sentiment de dysphorie, mais n'osaient pas l'exprimer au grand jour à cause des réactions d'une société mal informée et parfois hostile.

D'autres m'ont demandé de les aider à faire leurs premiers pas pour vivre leur vie sans se sentir emprisonné(e)s dans un corps qui n'est pas en adéquation avec leur personnalité.

Je les ai informés comme j'ai pu, ce qui n'est pas chose aisée puisque leur famille et leurs amis n'auront peut-être pas la même compréhension et les mêmes réactions que les personnes qui m'entourent ont eues avec moi.

Deux personnes ont fait leur coming-out quelques jours après avoir conversé avec moi sur le sujet.

J'ai aussi reçu plus de 1000 messages privés positifs.

Quand je fais le rapport positif/négatif de ce qu'il est ressorti de cet article, je peux me dire avec fierté que j'ai contribué à diffuser un message qui a aidé quelques personnes et en a fait évoluer bien d'autres.

J'ai depuis fait un grand bond en avant, j'ai gagné en force et en courage. J'ai décidé d'ouvrir une chaîne YouTube et de diffuser sur les réseaux quelques vidéos avec mes témoignages et des moments importants de ma vie, en espérant que cela pourra aider d'autres personnes à sortir de l'ombre.

Les histoires des personnes qui ressentent de la dysphorie de genre sont toutes différentes, mais leurs souffrances et leurs peurs, se ressemblent.

Scannez pour accéder à mes pages.

Chapitre XVIII
Vers l'avenir

Le temps a passé depuis le début de ma transition.

Je sais parfaitement qui je suis et surtout je sais ce que je veux et ce que je ne veux pas.

Mon corps à bien changé, j'ai confiance en moi, et j'apprécie de plus en plus mon reflet dans le miroir.

Quelques personnes que j'ai croisées m'ont dit me trouver rayonnante et épanouie. Elles ont raison.

Je me sens plutôt bien. En tout cas je me sens mieux qu'avant.

Mon parcours est loin d'être terminé.

Il me reste encore quelques opérations comme le bas du visage que je vais faire féminiser ainsi que la vaginoplastie (réassignation sexuelle).

Au début de ma transition, je ne pensais pas aller jusque-là, mais plus j'avance et plus il m'apparaît comme une évidence que je ne me sentirais complètement femme qu'après avoir franchi ce pas parce que la réassignation sexuelle est pour moi la finalité inévitable de ma transition.

Je ferais peut-être aussi opérer mes cordes vocales selon le résultat que j'obtiendrai avec la rééducation.

J'avoue que ce sont des étapes qui me font peur parce que ce sont des opérations dont le résultat est incertain et la vaginoplastie est apparemment extrêmement douloureuse, sans compter qu'elle demande une longue convalescence.

Malgré la crainte je suis quand même impatiente.

Quand on est dans le mauvais corps, il faut se résigner à devoir « souffrir pour moins souffrir ».

Avoir mal physiquement pour avoir moins mal moralement.

En fait toute la vie d'une personne transgenre est remplie de souffrances et de peurs.

La souffrance de se rendre compte qu'on n'est pas ce que tout le monde pense qu'on est.

La souffrance de détester l'image qu'on voit dans le miroir.

La peur de le dire aux autres et du regard qu'ils vont avoir sur nous après.

La souffrance que nous infligent ces autres à qui nous l'avons dit lorsqu'ils nous jugent, nous mégenrent, voire même quelques fois lorsqu'ils essayent de nous persuader qu'on se trompe.

C'est difficile de faire face à la souffrance et la peur que cette dysphorie inflige à nos proches, surtout à ceux qui nous aiment et nous soutiennent.

La peur des opérations à subir pour être en accord avec sa personnalité.

La souffrance que nous infligent ces opérations qui sont pour la plupart d'entre elles très lourdes.

Malgré tout ça nous avons encore droit aux personnes qui nous maltraitent, qui parlent mal sans même savoir ce qu'on vit et ce qu'on ressent et qui de toute façon s'en moquent bien.

Mais toutes ces personnes qui nous attaquent doivent être conscientes que nous ne pouvons plus nous taire et nous cacher.

Chacun a le droit d'être lui-même, que ça plaise aux autres ou non.

Ma vie a toujours été remplie d'amour et de soutien de la part de ma famille et de la plupart de mes amis.

La différence est que je n'y prêtais pas attention et ne m'en rendais pas compte parce que j'étais aveuglé par ma colère et mon mal-être.

Aujourd'hui, je vois à quel point ils sont là pour moi.

Je suis plus forte que jamais.

Chapitre XIX
L'intimité

En 2021, la santé de Jess a recommencé à se dégrader.

De fortes douleurs au niveau de ses ovaires.

Nos rapports se font de plus en plus rares parce que le plaisir pour elle est à chaque fois suivi par des douleurs insupportables.

Nous prenons donc rendez-vous chez un gynécologue afin de voir si son papillomavirus n'a pas évolué.

Comme on se soutient toujours l'une l'autre, je l'accompagne.

Après examen, le docteur lui annonce qu'elle a une adénomyose.

L'adénomyose est usuellement définie comme étant de l'endométriose interne à l'utérus. En fait il s'agit d'une anomalie de la zone de jonction entre l'endomètre (muqueuse qui tapisse l'utérus) et le myomètre (muscle de la paroi utérine) qui va laisser les cellules de l'endomètre infiltrer le myomètre. Elle peut être superficielle ou profonde.

C'est une pathologie fréquente et bénigne au sens médical du terme, c'est-à-dire qu'elle n'impacte pas le pronostic vital. Néanmoins, certaines formes d'adénomyose peuvent être extrêmement douloureuses et invalidantes au quotidien.

Malgré les traitements et médicaments, la douleur reste très présente pour Jess.

Elle ne pourra être opérée qu'a ses 35 ans (2028) et ce n'est pas sûr que ça fera disparaître la totalité de ses douleurs.

Notre vie sexuelle qui était plutôt active se voit mise totalement en pause.

Nous, qui devrions nous redécouvrir du fait que mon corps change et va encore changer, sommes dans l'incapacité d'avoir des rapports.

Depuis mon orchidectomie ma libido a fort diminué et pour le moment c'est une chose qui me facilite un peu l'acceptation de la situation puisque je n'ai pas systématiquement envie de sexe alors qu'avant j'étais une vraie nympho.

Le plus dur est de voir la femme que j'aime souffrir au quotidien sans rien pouvoir y changer.

Quand elle à des envies et qu'elle ne peut pas à cause de ses douleurs, ça doit être difficile.

Elle se sent coupable alors qu'elle n'a rien demandé et suite à cette culpabilité elle déprime et pleure beaucoup.

J'essaye de trouver les mots, mais je ne suis pas certaine de toujours y arriver.

Je ferais toujours de mon mieux et je serais toujours là pour elle.

Il y a peu, elle m'a dit que si je voulais lui être infidèle, elle comprendrait.

Mais à aucun instant il n'est question pour moi de toucher la peau de quelqu'un d'autre.

Je ne veux appartenir qu'à elle, et ce même si nos rapports se font rares.

Elle m'a fait découvrir l'amour réel et inconditionnel, elle m'a donné la force d'avancer et me la donne encore chaque jour.

Grâce à elle je suis celle que je suis aujourd'hui.

Je suis fière d'elle et de cette force dont elle fait preuve chaque jour.

Jess le jour de notre mariage (2013)

J’aime la voir heureuse.

Chapitre XX

De belles rencontres

Avant, comme j'étais négative et pessimiste, je ne m'entourais pas toujours des bonnes personnes et la première impression que je laissais montrait tout le contraire de celle que je suis réellement.

Pour donner un exemple, alors que ma transition n'avait pas encore débuté, j'ai rencontré un nouveau voisin qui allait faire construire à côté de chez nous.

Nous avons fait connaissance et avons parlé quelques heures, je lui ai présenté Jess et les enfants.

Ensuite, comme la construction de sa maison a pris du retard, nous nous sommes revus 2 ans après alors que ma transition était bien avancée.

J'avais beaucoup changé tant sur le plan physique que mental.

Il m'a dit qu'il trouvait que j'étais bien mieux maintenant.

Quand il m'avait vue pour la première fois. Il s'était demandé comment je pouvais, à la fois, être autant en colère, agressive contre le monde entier et en même temps être aussi douce, gentille et patiente avec mes enfants.

Comme s'il s'agissait de deux personnes totalement différentes qui cohabitaient dans le même corps.

Il m'a donc dit que maintenant il comprenait bien ce que je vivais à ce moment-là et qu'Anthony était vraiment différent de moi.

Maintenant je ne dégage plus ni colère ni agressivité.

Ce voisin qui, sans me connaître et ne m'ayant vu que quelques fois a su percevoir que je n'étais pas bien dans ma peau.

J'imagine donc qu'il en a été de même pour d'autres personnes qui croisaient mon chemin.

Comme second exemple, un couple d'amis que nous n'avions plus vus depuis quelques années m'a aussi dit que j'étais vraiment une autre personne et que j'étais bien mieux aujourd'hui.

Maintenant, je suis posée, douce, gentille avec les gens et de ce fait, ils le sont aussi avec moi.

Ceci fait que les personnes de qui je m'entoure maintenant sont différentes de celles d'avant.

J'ai d'ailleurs, fait un grand tri en excluant les personnes négatives.

J'ai évidemment gardé mon amitié pour les personnes qui comptent, qui m'ont soutenue et qui restent chères à mon cœur (La liste serait trop longue, mais ils se reconnaîtront).

Je peux maintenant librement partager avec mes ami(e)s des sujets tels que la mode, l'esthétique, la manucure, la nature, la cuisine, la moto, etc. Quelle sensation de liberté !

Il est aussi évident que j'ai plus d'affinité avec les filles puisque beaucoup de centres d'intérêt masculins sont quasi inexistants pour moi.

Dans ce chapitre je voudrais citer les premières belles rencontres que j'ai faites depuis que je suis moi. Ces amies, qui n'ont pas connu Anthony et qui ont su apprécier Tonya dès la première heure ou nos chemins se sont croisés. Elles sont pour moi des amies précieuses et des personnes qui, je l'espère, resteront à mes côtés.

Jodie, Laetitia, Valentine, Danielle, Cathy.

Merci d'être là et merci d'être vous.

On n'a pas besoin de beaucoup d'amis pour être bien.

On a juste besoin d'avoir des amis sincères et qui nous comprennent.

Chapitre XXI

Encore des larmes

Nous sommes début 2023, ma transition me fait un bien fou.

Je me sens moi-même, je me sens vivante, enfin.

Pourtant j'ai encore des moments difficiles.

Tant d'années à me cacher et à me refermer sur moi-même m'ont quand même laissé des séquelles psychologiques.

Je ne sais pas définir ce que je ressens exactement dans mes moments de tristesse.

C'est à la fois, une culpabilité d'avoir perturbé la vie de mes proches, qui pourtant ne me reprochent absolument rien, une peur de l'abandon, alors que je sais qu'ils m'aiment et seront là pour moi à l'avenir. Une peur du jugement des personnes que je croise.

Même si j'ai gagné beaucoup de confiance en moi et que très peu de gens me regardent de façon déplaisante. Du moins, si, il y a des regards lourds, insistants, ou moqueurs, je ne les vois plus. Et puis après tout je ne devrais rien en avoir à faire de ce que pensent les autres puisque j'ai réussi à assumer et à penser à moi, un peu.

Je ne peux expliquer ces larmes qui coulent sur mes joues certains soirs où je m'endors.

Je ne peux m'expliquer ces mille questions que je me pose, quelques fois enfermée, seule dans mon esprit.

Je n'ai plus à avoir peur, mais je ne peux pas m'en empêcher.

J'aimerais être totalement sereine, mais je n'y arrive pas. Je ne sais pas si je le serai un jour.

Je crois que la douleur est trop ancrée en moi pour disparaître complètement.

Maintenant que je me suis livrée au monde et que j'ai enlevé cette armure et ce déguisement qui me collaient à la peau, je me sens vulnérable.

Avant je jouais la personne que rien ne pouvait atteindre.

Aujourd'hui, heureusement, Jess est attentive et ressent quand je suis triste ou quand ça ne va pas, même quand j'essaye de le cacher.

Alors elle me réconforte et me rassure.

Quand j'ai mal, je ne suis plus seule.

Jess et moi (2022)

Moi (2023)

Jess et moi (2022)

Moi Kayline Norah
(2022)

Jess avec ma mère au concours du plus beau bébé de Belgique

(1994)

Tonya Rose Iris, qui dans l'ombre d'Anthony trouvait la vie triste, a su aujourd'hui trouver le chemin vers le bonheur et la lumière.

Sur ces pages, je vous ai confié mes secrets, mes pensées, mes sentiments. J'ai écrit ici pas mal de choses que mes proches apprendront au même titre que vous, en lisant ce livre.

Chaque ligne a été écrite avec sincérité et sans filtre.

Il est un peu le journal intime de ma vie.

J'espère du fond du cœur que vous aurez pris autant de plaisir à le lire que j'en ai pris à vous l'écrire.

Mon histoire est loin d'être terminée et à l'avenir j'aurais sûrement encore des choses à raconter.

Peut-être qu'un jour, je ressortirais ma plume pour vous confier la suite.

En attendant, je vous souhaite d'être aussi heureux (ses) que je le suis aujourd'hui et n'oubliez pas que même si elle est parfois difficile et parsemée d'obstacles, la vie est un cadeau qu'il faut vivre à fond.

Ne rêvez pas votre vie, mais vivez vos rêves.

Quelques pages qui peuvent être utiles

Centre d'accompagnement des transidentités CHU de liège (Belgique)

https://www.chuliege.be/jcms/c2_18437952/nl/centre-d-accompagnement-des-transidentites/accueil

C'est là que j'ai pu être aidée et suivie dans mon parcours.

Endocrinologue, Urologue, Psy, Phoniatre, Logopède…

Genres pluriels Bruxelles (Belgique)

http://rainbowhouse.be/fr/association/genres-pluriels-2/

Association contre l'homophobie et la transphobie

https://www.ettoitescase.be/contact.php

LGBTQIA+ en fédération Wallonie Bruxelles

https://www.rtbf.be/article/ou-trouver-les-associations-lgbtqia-en-federation-wallonie-bruxelles-carte-interactive-10929911

Transgenre Info Point (Belgique, Néerlandais)

https://www.transgenderinfo.be/fr

Docteur Houtmeyers (Chirurgie) (Belgique)

https://www.drhoutmeyers.be/transgender

Bdd Trans (site qui contient la liste et les coordonnées des médecins et praticiens qui aident les personnes transgenres en Belgique et en France)

https://bddtrans.fr/accueil/

Imprimé en Allemagne
Achevé d'imprimer en septembre 2023
Dépôt légal : septembre 2023

Pour

Le Lys Bleu Éditions
40, rue du Louvre
75001 Paris

www.ingramcontent.com/pod-product-compliance
Lightning Source LLC
Chambersburg PA
CBHW062343010826
49168CB00024B/242

* 9 7 9 1 0 4 2 2 0 6 3 3 8 *